ESES

curso de español

para extranjeros

Nivel 1

e l e sm

Carmen G. Oliva
M.º Jesús Quiñones

Proyecto didáctico
Equipo de idiomas Ediciones SM

Autoras
Carmen García Oliva
Mª Jesús Quiñones Calonge

Diseño de interiores
Esteban García

Diseño de cubierta
Alfonso Ruano
Diana Lopéz

Maqueta
Lucía Santos

Fotografías
Créditos Fotográficos
Andrés Marín – Charo Aguililla; A. Rodríguez, C. Rubio, Carma Casula, Quim Llenas, CORBIS / COVER;
Adam Crowley; Albert Heras, J. D. Dallet, Ramón Camí, S. Aznar / PRISMA; Antonio Brandi; Arthur S. Aubry;
B. Salleras; Baunez, Baxter / SIPA PRESS; Bernd Ducke, Peter Arnold, HAGA, KEYSTONE / INCOLOR; C. Squared;
Carlos Roca; L. Luongo / CORDON PRESS; CREATIV COLLECTION; David Buffington; DIGITALVISION; Don Farrall,
Jeremy Woodhouse, Mark Downey, Neil Beer / PHOTODISC; Don Tremain; Fernando López Aranguren;
Fernando Alvira; R. Schmid / FOTOTECA 9 x 12; Frank Johnston; Frederic Cirou; Brimacombe /LIAISON – ZARDOYA;
Hidalgo – Lopesino / MARCO POLO; Ignacio Ruiz Miguel; Javier Calbet; Sonsoles Prada; José Vicente Resino;
J. M. Navia / ASA; Nicola Sutton; Paca Arceo; Paco Campos / EFE; Pedro Carrión; Robert Glusic; Ryan McVay;
Sean Thompson; Skip Nall; STOCK PHOTOS; STOCKBYTE; STUDIO DOG; Xurxo Lobato; Yolanda Álvarez;
MASTERFILE; MUNDO CAL; FIRO FOTO; Luis Agromayor; ALBUM; Luis Castelo; INDEX; Doug Menuez;
AGE FOTOSTOCK; KEVIN PETERSON PHOTO; CMCD; ORONOZ; PHOTOLINK; Archivo SM

Ilustración
José Luis Cabañas

Coordinación técnica
Ana García Herranz

Coordinación editorial
Aurora Centellas
Susana Gómez

Dirección editorial
Michelle Crick

Comercializa
Para el extranjero:
EDICIONES SM – Joaquín Turina, 39 – 28044 Madrid (España)
Teléfono 91 – 422 88 75 – Fax 91 – 508 33 66
Para España
CESMA, SA – Aguacate, 43 – 28044 Madrid (España)
Teléfono 91 – 2080200 Fax 91 – 508 72 12
ISBN: 84-348-8770-3 / Impreso en España - *Printed in Spain*
Depósito legal: M. 14.355-2003 / Imprime: Gráficas Muriel S.A. - Buhigas, s/n - Getafe (Madrid)

REDES está dirigido a estudiantes de cualquier nacionalidad que se inician en el estudio del español.

REDES tiene un enfoque práctico cuyo eje de aprendizaje se basa en el ejercicio de la comunicación en el aula, por lo que su primer objetivo consiste en dotar al alumno de las herramientas necesarias para desenvolverse en situaciones cotidianas reales en lengua española.

REDES consta de 12 unidades que aportan al alumno los contenidos necesarios para el desarrollo de la tarea final propuesta en cada una de ellas, presentados como:

• Actividades de comprensión diseñadas para enseñar cómo funciona el español.

• Actividades de práctica con apoyo dirigidas a proporcionar al alumno las capacidades necesarias para llevar a cabo las correspondientes tareas propuestas.

• Actividades de práctica libre o tareas finales cuyo objetivo es integrar las cuatro destrezas y ejercitar lo aprendido en cada unidad.

Cada cuatro unidades, hay un repaso de los contenidos gramaticales, léxicos y culturales aprendidos que se aplican a la realización de un proyecto. Los tres proyectos del libro constituyen una "revista" sobre el mundo hispano.

Además del libro del alumno, REDES consta de:

• Un cuaderno de ejercicios con CD audio o casete.

• Una guía del profesor.

• Un CD audio o casete con las audiciones del libro del alumno.

• Un vídeo con cuaderno de actividades.

Redes SM consta de 12 unidades de 10 páginas cada una, organizadas en torno a una tarea final. Cada cuatro unidades hay un repaso que culmina en un proyecto (revista sobre el mundo hispano). Siguiendo un enfoque por tareas, la tarea final será la que defina las funciones, la gramática y el vocabulario de cada unidad. La orientación comunicativa de la que se parte es válida para todo tipo de situaciones de enseñanza y de aprendizaje en las que participarán los estudiantes.

PRESENTACIÓN Y PRACTICA DE CONTENIDOS

En la página de apertura de cada unidad se plantean tanto la tarea final como los objetivos que se persiguen para la realización de esta, ya que la enseñanza se centra, desde el primer momento, en el estudiante y en el desarrollo de su autonomía.

En primer lugar y *A continuación* son las dos dobles páginas en las que los estudiantes van desarrollando las capacidades comunicativas necesarias para llevar a cabo la tarea final.

Las actividades de estas páginas tienen una secuencia muy cuidada, terminando con una actividad de producción libre, y están diseñadas para desarrollar estrategias de uso de la lengua que promuevan la autonomía del estudiante. Los distintos cuadros gramaticales, léxicos, funcionales y de pronunciación sirven de apoyo al estudiante para la realización de las actividades.

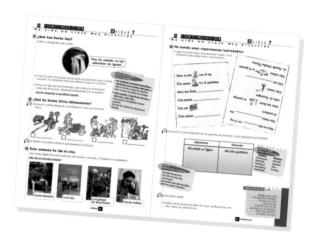

CONTENIDOS SOCIOCULTURALES

¡A toda página! tiene como objetivo acercar al estudiante a la cultura española y latinoamericana y, al mismo tiempo, desarrollar la comprensión lectora. Los pequeños textos elegidos se explotan mediante actividades de anticipación de contenidos, de comprensión global y detallada y de sugerencias para el debate posterior.

Esta sección también incluye un espacio lúdico (*¡Juega con el español!*) en el que se presentan canciones, adivinanzas, poemas y juegos que servirán de complemento cultural y léxico.

TAREA FINAL

¡A la tarea! plantea la realización de una tarea motivadora y próxima a la realidad del estudiante, en la que se fomenta el uso del español para hacer cosas de la vida real. Estas tareas constan de una serie de actividades preparatorias en las que se integran las cuatro destrezas y que conducen a la actividad de producción final.

AUTO-EVALUACIÓN

¡Ya lo sabes! propone una variedad de actividades para que el alumno pueda evaluar sus progresos tanto en habilidades comunicativas como en el aprendizaje del léxico.

Y, CADA CUATRO UNIDADES, REPASO CON PROYECTO FINAL

Esta sección tiene como objetivo reforzar los contenidos gramaticales, léxicos y culturales vistos a lo largo de las cuatro unidades anteriores y profundizar en el desarrollo de las cuatro destrezas. Termina en un proyecto en el que el estudiante aplica todos los contenidos aprendidos. Los tres proyectos del libro constituyen una "revista" sobre el mundo hispano: cómo son los españoles y latinoamericanos, cómo viven, etc.

En contacto con el español

EN ESTA UNIDAD VAS A:

- Aprender el alfabeto.
- Saludar y presentarte.
- Aprender las nacionalidades.
- Contar del 1 – 20.
- Conocer los países donde se habla español.

1. ¿Qué palabras conoces en español?

a) Escucha y señala las palabras que comprendas.

b) Escucha y repite.

c) ¿Conoces otras palabras en español? ¿Cuáles?

2. A, b, c...

a) Escucha el nombre de las letras del alfabeto español.

Aa Bb Cc Dd Ee Ff Gg Hh Ii Jj Kk Ll Mm Nn Ññ Oo Pp Qq Rr Ss Tt Uu Vv Ww Xx Yy Zz

b) Escucha y repite.

c) Escucha. ¿Qué letras oyes? Señálalas en el alfabeto de a).

1. ¿Cómo te llamas?

a) Escucha y lee.

► Hola, ¿cómo te llamas?

► (Me llamo) Anne, ¿y tú?

► (Yo me llamo) Sophie.

► Hola, ¿qué tal?

b) Escucha y repite.

c) Muévete por la clase y practica con tus compañeros.

2. Nombres y apellidos.

a) Aquí tienes algunos nombres y apellidos españoles. Clasifícalos en dos columnas.

Isabel	Fernando	Raúl
Jimena	Julio	Gabriel
García	Rigoberta	Allende
Guadalupe	Almodóvar	Pedro
Menchú	Roberto	González
Márquez	Eduardo	Iglesias
Clara	Sofía	Cristina
Juan	Carlos	Vargas
Botero	Pérez	Gil

Nombres	Apellidos

b) Escucha y comprueba.

c) ¿Conoces a algún personaje famoso con estos nombres y apellidos?

d) ¿Existen en tu idioma estos nombres?

► En mi idioma, Carlos es Charles.

► Creo que Juan es Giovanni.

3. ¿Cómo se escribe?

a) Ordena el diálogo.

Carmen   ¿Y de apellido?   ¿Cómo te llamas?   García

b) Escucha y comprueba.

c) En parejas. Practicad el siguiente diálogo con vuestros datos.

► ¿Cómo te llamas?

► Francisco.

► ¿Y de apellido?

► Aguirre.

► ¿Cómo se escribe?

► A – G – U – I – R – R – E.

► ¿Así?

► Sí.

4. Países y nacionalidades.

a) Aquí tienes los nombres de algunos países, ¿sabes en qué continentes están?

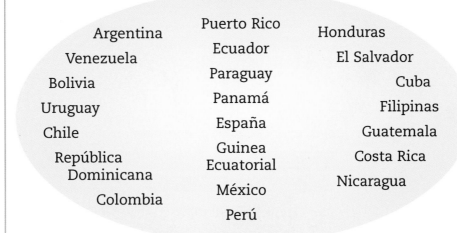

Argentina
Venezuela
Bolivia
Uruguay
Chile
República Dominicana
Colombia

Puerto Rico
Ecuador
Paraguay
Panamá
España
Guinea Ecuatorial
México
Perú

Honduras
El Salvador
Cuba
Filipinas
Guatemala
Costa Rica
Nicaragua

b) Escucha y comprueba.

c) Escucha y repite.

d) **En grupos de cuatro. ¿Sabéis la nacionalidad que corresponde a esos países? Cada** uno busca en su diccionario la nacionalidad de cinco países y se lo comunica a los demás.

Los hombres de Argentina son argentinos y las mujeres, argentinas.

e) Escucha estas nacionalidades y repite cambiando el género.

peruana peruano

GRAMÁTICA

El género

mexicano   mexicana
peruano   peruana
ecuatoriano ecuatoriana
venezolano venzolana

5. ¿De dónde eres?

Lee este diálogo y practícalo con tus compañeros.

▶ *¿De dónde eres?*

▶ *De Portugal, ¿y tú?*

▶ *Soy estadounidense.*

6. Contamos del 0 al 20.

a) Escucha.

b) Escucha y repite.

c) Practica con tu compañero.

   ▶ *¿Qué número es este?*

   ▶ *El uno.*

0 cero	1 uno	2 dos
3 tres	4 cuatro	5 cinco
6 seis	7 siete	8 ocho
9 nueve	10 diez	11 once
12 doce	13 trece	14 catorce
15 quince	16 dieciséis	17 diecisiete
18 dieciocho	19 diecinueve	20 veinte

7. Se habla español en...

a) Observa en el mapa de América los países en los que se habla español.

b) ¿Conoces otros países donde se habla español? Pregunta a tu compañero o a tu profesor.

▶ *¿Dónde se habla español?*

▶ *En Latinoamérica, en España, en .... y en ....*

c) ¿En cuántos continentes se habla español?

☐ En uno
☐ En dos
☐ En tres
☐ En cuatro
☐ En los cinco

Información personal

AL FINAL DE ESTA UNIDAD VAS A:

- Dar tus datos personales para participar en un sorteo.

PARA ELLO VAMOS A:

- Dar y pedir información personal (nombre, nacionalidad, profesión, lugar de residencia, dirección y número de teléfono).

- Hacer presentaciones.

- Saludar y despedirnos.

1. Convención de artistas.

Es la primera Convención de Artistas Latinoamericanos. Hay profesionales de todas las artes. Observa el dibujo grande.

a) Fíjate en estos seis participantes, ¿qué profesiones tienen? Habla con tu compañero.

▶ *El 1 es escultor. Mira.*

PRONUNCIACIÓN

[P]

Escucha y repite

fotógrafo   fotógrafa
arquitecto   arquitecta
pintor   pintora
escultor   escultora
músico
cantante
novelista
actor   actriz

b) ¿Hombre o mujer? Practica con tu compañero:

▶ Tú dices: *pintora*
▶ Tu compañero: *pintor*

pintora   pintor

c) Estos son los carnés de dos participantes. ¿Qué sabes de ellos?

1

Nombre: Fernanda
Apellido: Pérez
País: Panamá
Profesión: pintora

2

Nombre: Gustavo
Apellido: Mayorga
País: Uruguay
Profesión: cantante

Se llama .... ,
es de .... , y es ....

GRAMÁTICA

Ser

soy
eres
es
somos
sois
son

GRAMÁTICA

Llamarse

me llamo
te llamas
se llama
nos llamamos
os llamáis
se llaman

2. ¿A qué te dedicas?

a) Escucha y lee el siguiente diálogo.

▶ *¿A qué te dedicas?*
▶ *Soy músico. ¿Y tú?*
▶ *Soy estudiante. Estudio derecho.*

3. ¿Cómo se llama usted?

El secretario del Congreso de Artistas de América Latina hace una lista con los datos de los participantes. Escucha la conversación con la representante de Costa Rica.

a) ¿Qué preguntas le hace para obtener los siguientes datos?

> Nombre: Clara
> Apellido: Moraga
> Nacionalidad: costarricense
> Profesión: escritora

b) Estas preguntas se refieren a la persona "usted". Escucha de nuevo las preguntas y repítelas.

c) Ahora imagina una nueva identidad y fabrícate un carné. Muévete por la clase y pregunta a tus compañeros para conocer sus nuevas identidades. Usa "usted".

GRAMÁTICA

Tú / Usted

Informal: **tú**
¿De dónde eres?
Formal: **usted**
¿De dónde es?

4. ¿Quién es?

En grupos de seis, por turnos. Piensa en uno de tus compañeros. Di en voz alta uno de sus datos. Ese compañero dice "¡yo!". Si alguien no dice nada o repite un dato de algún compañero queda eliminado.

5. ¿Dónde vives?

a) Observa la tarjeta.

b) Escucha y lee.

> ► ¿Dónde vives?
> ► En la calle León, n.º 25.
> ► ¿Y cuál es tu dirección de correo electrónico?
> ► amalia, con minúscula, arroba, español, punto, com.
> ► ¿Así?
> ► Sí.
> ► ¿Cuál es tu número de teléfono?
> ► El 609213587.

Amalia Fernández Lamas
C/ León, n.º 25
28014 Madrid
amalia@español.com
Teléf.: 609 21 35 87

COMUNICACIÓN

Preguntar y decir la profesión

► ¿Qué haces?
► Soy escritor.
► ¿A qué te dedicas?
► Soy pintor.

COMUNICACIÓN

Preguntar y decir el lugar de residencia

► ¿Dónde vives?
► En Madrid, en la calle Huertas, nº 17.

b) Habla con tus compañeros. Pregúntales por su profesión. Si no sabes el nombre de alguna profesión o estudios en español, pregunta a tu profesor.

c) Practica con tu compañero y escribe en tu agenda los datos de cada uno de ellos.

1. Presentaciones.

a) Observa la situación. ¿Es una presentación formal o informal?

Mira, Claudia. Este es Boris.
Boris, esta es Claudia.

ESTOS
ESTAS

¡Hola!

¡Hola!, ¿qué tal?

COMUNICACIÓN

Hacer presentaciones informales

▶ Mira, Paula, este es Ángel. Ángel, esta es Paula.
▶ ¡Hola! ¿Qué tal?
▶ ¡Hola!

b) En grupos de tres. Practicad el diálogo con vuestros nombres.

▶ *Mira, Víctor, esta es Marta. Marta, Víctor.*
▶ *¡Hola!*
▶ *¡Hola!, ¿qué tal?*

GRAMÁTICA

Pronombres demostrativos

Este es Juan.
Estos son los Sres. Gil.
Esta es la Sra. Sánchez.
Estas son Ana y Lola.

c) Observa la siguiente presentación formal. ¿Qué diferencias hay entre ambas presentaciones?

Mire, señora Arce. Este es el señor Luna. Señor Luna, la señora Arce.

Encantada.

Mucho gusto.

COMUNICACIÓN

Hacer presentaciones formales

▶ Señor Juárez, le presento a la señora Lara. Señora Lara, este es el señor Juárez.
▶ Encantado.
▶ Mucho gusto.

d) En grupos de tres. Pensad en una situación formal y presentaos en estilo formal.

e) Escucha las siguientes presentaciones. ¿Usan el estilo formal o el informal?

FORMAL	INFORMAL
1	1 ....
2	2 ....
3	3 ....
4	4 ....

2. ¡Qué desorden!

a) En parejas. Ordenad el contenido de cada diálogo.

1

► Hola, Julio. ¿Conoces a Alberto?

► Pues este es Alberto, un amigo de la universidad, y este es Julio.

► Hola, ¿qué tal?

► Hola, Alberto.

► No. Creo que no.

2

► Buenos días, señora Atienza, encantado de conocerla.

► Buenos días, señor Gómez. Esta es la señora Atienza, la nueva gerente. El señor Gómez se encarga del departamento de marketing.

► Mucho gusto.

3

► Encantada.

► Hola. Mucho gusto.

► Mire, señora Quiñones. Le presento a la señora García.

4

► Hola, Laura, ¿qué tal?

► Hola, ¿tú eres el famoso Edu? Tenía muchas ganas de conocerte...

► Edu, ven un momento. Mira, esta es Laura.

b) Volved a escuchar la audición de la actividad 1 e) para comprobar. Ahora practicad los diálogos con vuestro compañero.

3. Saludos y despedidas.

a) ¿Qué formas de saludar y despedirse conoces en español? Haz una lista.

b) Aquí tienes algunos ejemplos. Piensa en qué situación se usa cada uno (formal/informal, momento del día, al saludar o al despedirse). Si no sabes algo, pregunta a tus compañeros o al profesor.

Buenos días   Buenas noches   Hasta mañana   Adiós

¿Qué tal estás?   Hasta luego   ¿Qué tal?

Hasta pronto   ¿Cómo está?   ¡Hola!   Buenas tardes

c) Mira como se saludan y despiden. ¿Es igual en tu país?

¡Extra!

Escribe un pequeño texto con los datos personales de un compañero.

Interés latino

1. Observa las fotografías y contesta a la pregunta.

Porque es
un idioma importante
y en expansión.

Para comunicarme
con mis amigos.

¿Por qué estudias
español?

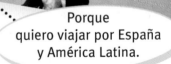

Porque me interesa
la cultura española y de
América Latina.

Porque
quiero viajar por España
y América Latina.

Por mi trabajo.

2.¿Por qué estudian español?

a) Estas personas estudian español por varios motivos. Escucha y escribe el número que corresponda.

Por mi trabajo. ☐   Para viajar a Chile. ☐   Para hablar con mis amigos. ☐

b) Pregunta a tu compañero por qué estudia español y luego díselo al resto de la clase.

Andrés estudia español por su trabajo / para viajar...

¡JUEGA CON EL ESPAÑOL!

P
R
E
G
U
N
T
A
S

Y

R
E
S
P
U
E
S
T
A
S

- En grupos A - B. Completa las 10 fichas.

1. Escribe el nombre de un país o ciudad de Latinoamérica que empieza por *Gua-*.
....

2. Escribe el nombre de un país o ciudad de Latinoamérica que termina en *-gua*.
....

3. Escribe el nombre de dos países o ciudades de Latinoamérica que terminan en *-guay*.
....

4. ¿Qué océano baña Argentina? El océano
....

5. ¿Qué océano baña Chile? El océano ....
....

6. ¿Qué tres países de Latinoamérica están en una isla?
....

7. ¿Qué dos países de Latinoamérica no tienen mar?
....

8. ¿Qué país de Latinoamérica está en Norteamérica?
....

9. ¿Cómo se llaman los habitantes de Costa Rica?
....

10. ¿En qué otros países se habla español aparte de en Latinoamérica?
....

- ¿Quién sabe más? Leed las preguntas en voz alta. Cada grupo lee su respuesta. Gana el que haya contestado correctamente a más preguntas y en menos tiempo.

1. En una revista aparece el siguiente anuncio, ¿quieres participar?

¡Llama al 909212325 y participa en el sorteo de dos entradas para el estreno de la última película de Almodóvar!

premio   *raffle*

2. Observa la siguiente situación, ¿qué hacen?

Buenos días, quiero participar en el sorteo.

María Luisa Victoria Isabel Francisca Elena Silvia Cristina Eugenia Leocadia Antonia de todos los Santos.

Muy bien. ¿Cómo se llama?

3. Escucha la conversación entre la telefonista y el concursante y rellena la ficha.

Nombre ....

Apellidos ....

Nacionalidad ....

Lugar de residencia ....

Dirección ....

Teléfono ....

Correo electrónico ....

gift

4. Estos son los regalos del sorteo en el que vas a participar. ¿Qué regalo quieres ganar? Elige uno.

país

5. En parejas. Llamad por teléfono para participar en el sorteo. El estudiante A (telefonista) pide los datos al estudiante B (concursante) y los escribe.

6. Ahora intercambiad los papeles.

mix

quédate

tohs card

7. El sorteo. Mezclad todas las fichas que han recogido los telefonistas. Una mano "inocente" coge una ficha para cada regalo y dice en voz alta el nombre del ganador.

El ganador de la bicicleta es...

Ahora ya eres capaz de:

● Pedir algunos datos a otras personas:

♦ El nombre y el apellido

♦ La nacionalidad

♦ La profesión

♦ La dirección

♦ La dirección de correo electrónico

1. Busca a un compañero que no conozcas mucho y pídele sus datos. Después contesta a sus preguntas.

● Hacer presentaciones (formales e informales):

2. Estás en una fiesta. Tú eres amigo de una de estas dos personas. Preséntasela a tu compañero. Tu compañero te presentará a la otra.

● Saludar y despedirte:

3. Completa las viñetas con los saludos o despedidas adecuados.

VOCABULARIO

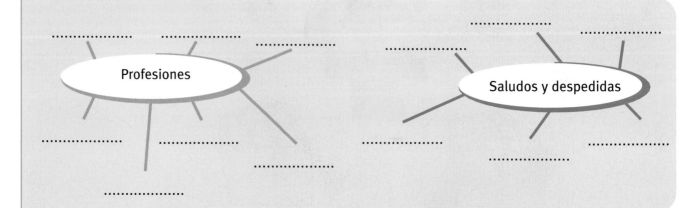

Profesiones

Saludos y despedidas

La familia y los amigos

2

AL FINAL DE ESTA UNIDAD VAS A:

- Escribir una carta a una familia española describiendo a tu compañero para ser reconocido al llegar a España.

PARA ELLO VAMOS A:

- Hablar de la familia y los amigos.
- Preguntar y decir la edad.
- Describir físicamente.
- Hablar del carácter.

1. La familia Valdés.

Mira la foto de esta familia de Ecuador y lee el texto.

La familia Valdés es de Ecuador. El **padre** se llama José Rodolfo y es agricultor. Su **mujer** se llama Consuelo. Tienen cinco **hijos**: Manuel, Rogelio, Norberto, Rigoberta y Dolores. La **madre** de José Rodolfo se llama Clara y su **padre**, Fermín. Clara es la **abuela** de Rigoberta. José Rodolfo tiene un **hermano**, Andrés. Andrés es el **cuñado** de Consuelo. Viviana es **hija** de Fermín y Clara.

[handwritten annotations: father-in-law, suegros, goodfather padrino, stepfather padrastro, madrastra, stepchildren hijastros, brother-in-law cuñado, grandchildren nieto, nephew sobrino sobrina]

PRONUNCIACIÓN

Escucha y repite

abuelo	abuela
padre	madre
hijo	hija
hermano	hermana
tío	tía
primo	prima
cuñado	cuñada
nieto	nieta
marido	mujer

2. Árbol genealógico.

Construye el árbol genealógico de la familia Valdés y escribe sus nombres.

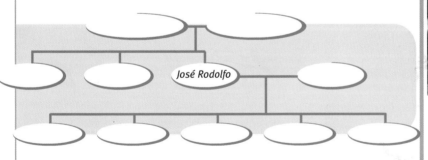

José Rodolfo

3. ¿Qué parentesco les une?

Completa con los nombres de parentesco que faltan.

Consuelo es la .... de José Rodolfo.

José Rodolfo es el .... de Consuelo y el .... de Manuel.

Fermín es el .... de Dolores.

Dolores es la .... de Rogelio.

4. ¿Jugamos?

¿Recuerdas a la familia Valdés? Coge una tarjeta y pregunta a tu compañero.

▶ *¿Quién es Consuelo?*
▶ *La mujer de José Rodolfo.*

¿Quién es Consuelo?

¿Quién es Andrés?

¿Quién es Manuel?

6. Números.

a) Escucha y escribe los números que oyes.

b) Escribe con letras los siguientes números.

Los números

21 veintiuno	52 cincuenta y dos...
22 veintidós	61 sesenta y uno
23 veintitrés...	62 sesenta y dos...
31 treinta y uno	71 setenta y uno
32 treinta y dos	72 setenta y dos...
33 treinta y tres...	81 ochenta y uno
41 cuarenta y uno	82 ochenta y dos...
42 cuarenta y dos...	91 noventa y uno
51 cincuenta y uno	92 noventa y dos...
	100 cien

27 .... 36 ....

45 .... 54 ....

68 .... 73 ....

89 .... 90 ....

7. La familia de Lola.

Escucha esta conversación en casa de Lola.
Lola habla de su familia a una amiga.
Después contesta a las preguntas.

- ¿Cómo se llama el padre de Lola?
- ¿Cuántos años tiene?
- ¿Tiene hermanos?
- ¿Cómo se llaman?
- ¿Cuántos años tienen?
- ¿Cómo se llama su tía?

Posesivos

mi	mis
tu	tus
su	sus
nuestro/a	nuestros/as
vuestro/a	vuestros/as
su	sus

Hablar del estado civil

Consuelo **está casada**.
Manuel **está soltero**.

8. Tu familia.

a) Trae fotos de tu familia (o dibújala en un papel). Enséñaselas a tu compañero. Él deberá adivinar quiénes son.

- ► *¿Este es tu padre?*
- ► *Sí.*
- ► *¿Esta es tu hermana?*
- ► *No, es una amiga. Mi hermana es esta.*
- ► *Y este es su marido.*
- ► *No, no está casada. Este es mi hermano y esta su mujer.*
- ► *Y los gemelos son sus hijos, ¿no?*
- ► *Sí.*
- ► *¿Cuántos años tienen?*

b) Después tu compañero se la presenta al resto de la clase.

El padre de... se llama...

5. ¿Masculino o femenino?

Coloca los nombres de parentesco que has aprendido en la columna correspondiente.

El género

Masculino	Femenino
el abuelo	la abuela
el hijo	la hija
el padre	la madre

el herman**o**	**la** herman**a**

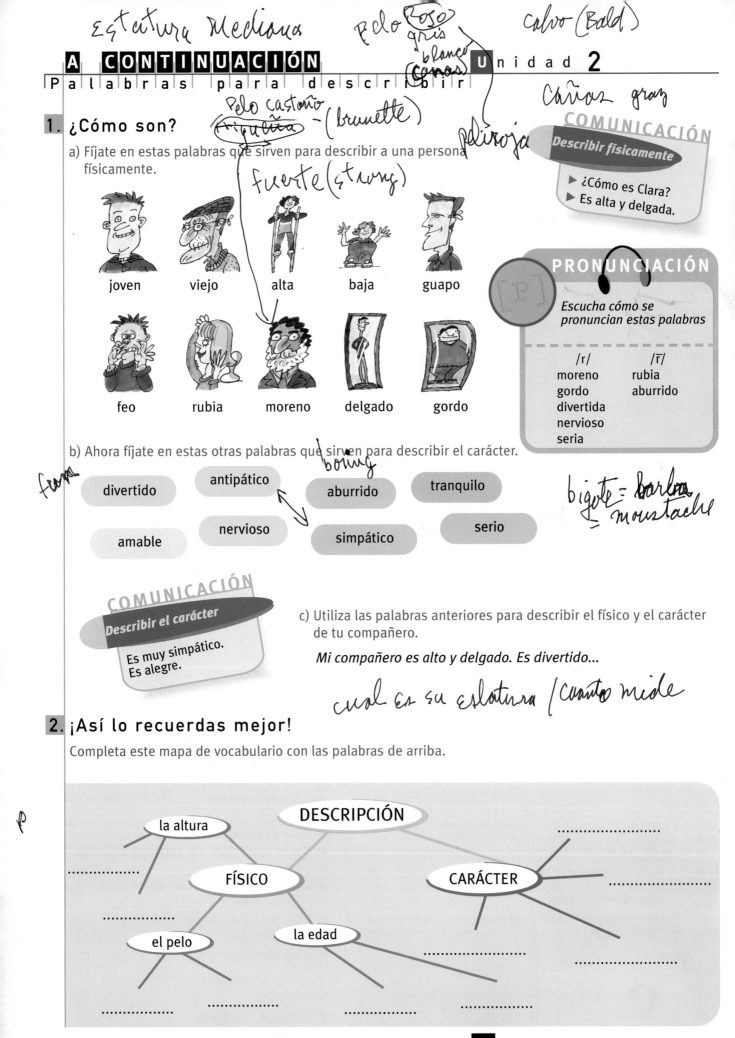

(anotaciones manuscritas) Estatura Mediana · Pelo rojo gris · blanco (canas) · Calvo (Bald) · Pelo castaño ~ (brunette) · pelirroja · canas gray · fuerte (strong)

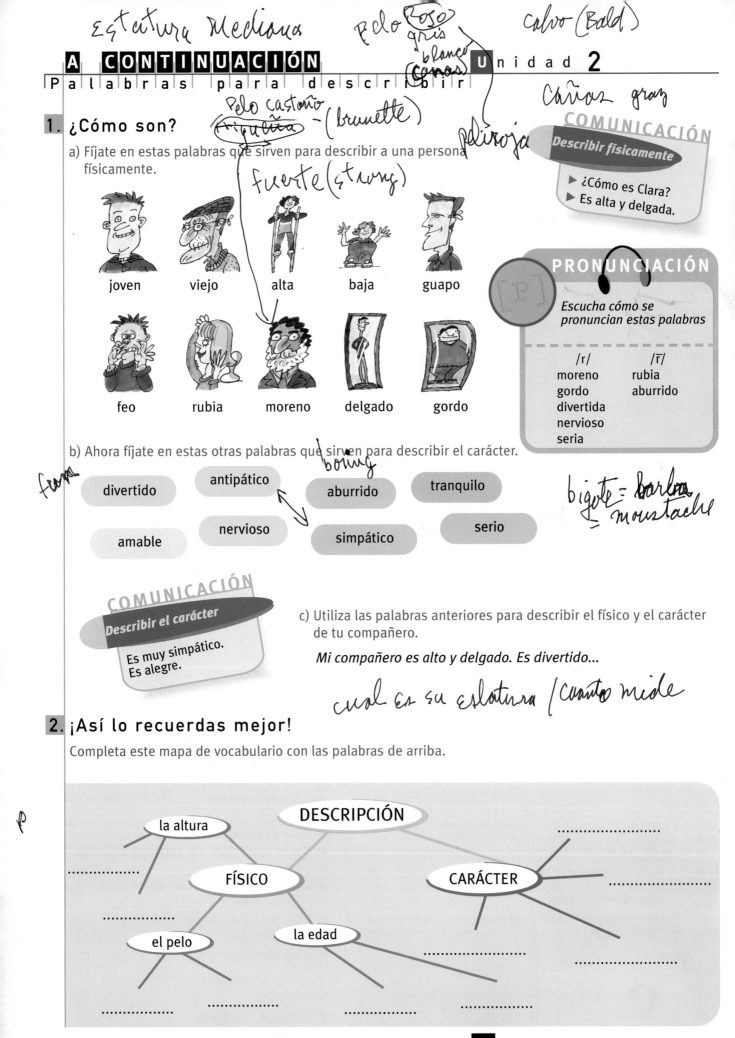

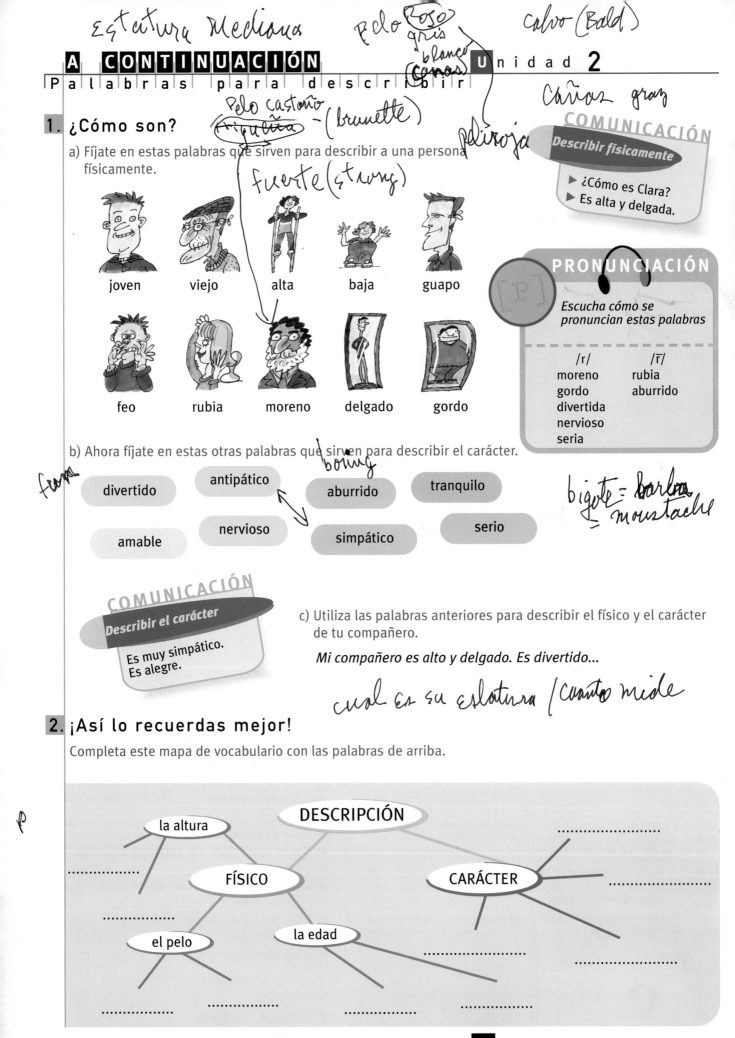

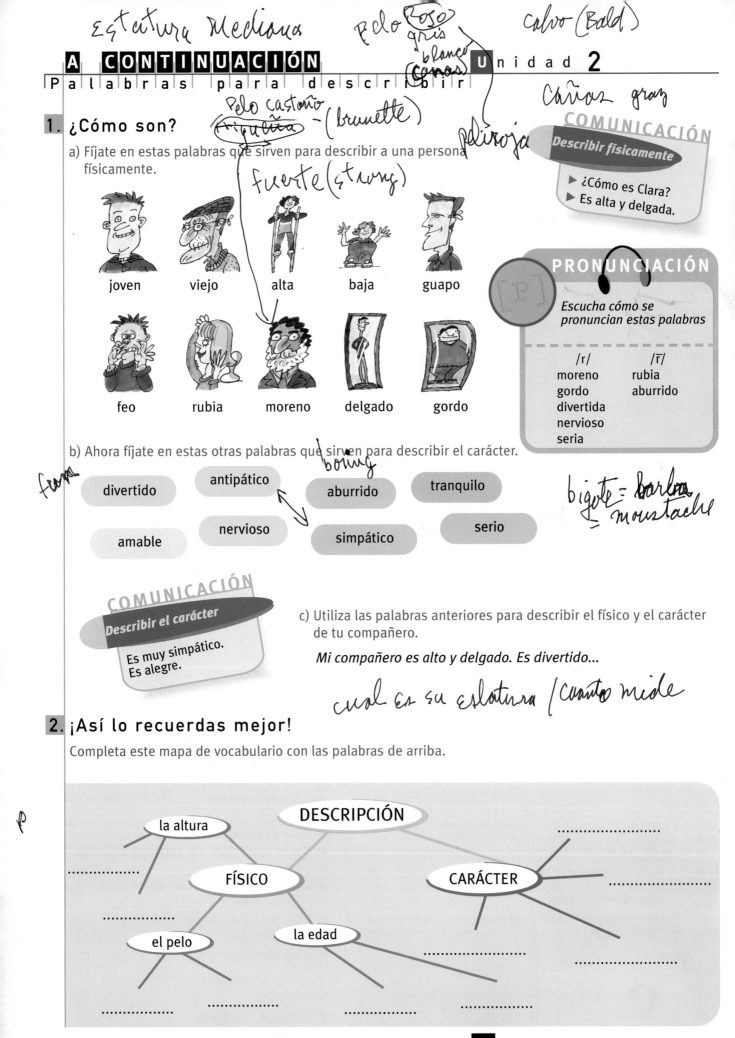

A CONTINUACIÓN
Palabras para describir
Unidad 2

1. ¿Cómo son?

a) Fíjate en estas palabras que sirven para describir a una persona físicamente.

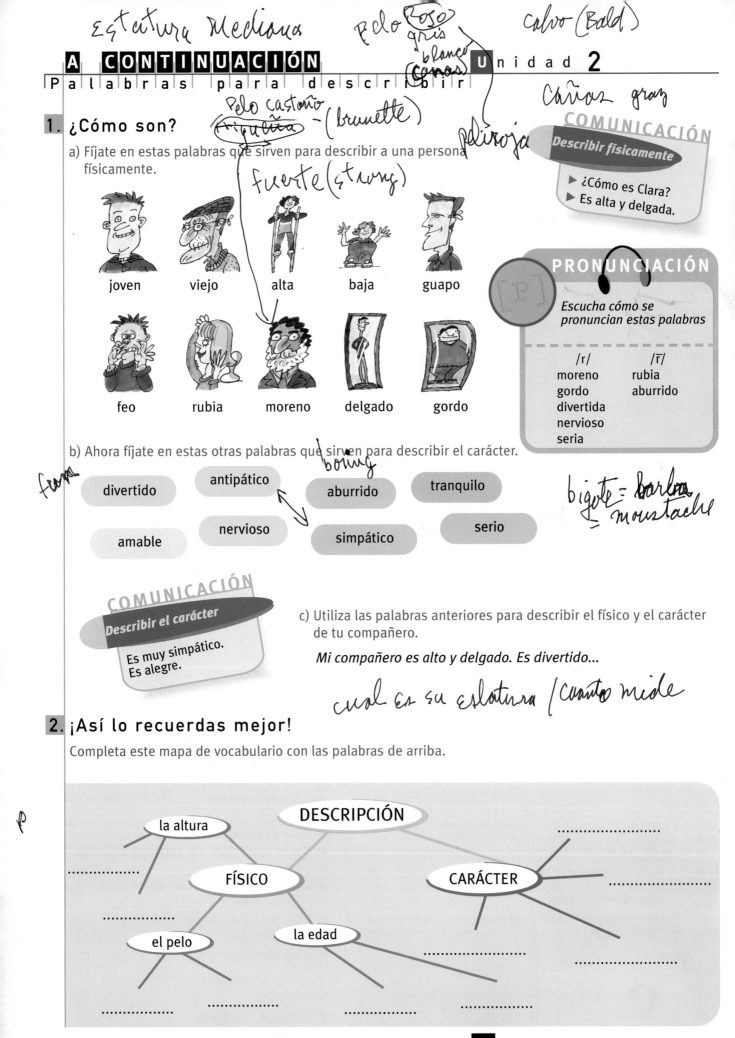

joven — viejo — alta — baja — guapo

feo — rubia — moreno — delgado — gordo

COMUNICACIÓN
Describir físicamente
► ¿Cómo es Clara?
► Es alta y delgada.

PRONUNCIACIÓN
[r]
Escucha cómo se pronuncian estas palabras

/r/	/r̄/
moreno	rubia
gordo	aburrido
divertida	
nervioso	
seria	

b) Ahora fíjate en estas otras palabras que sirven para describir el carácter.

(anotación: boring)

divertido — antipático — aburrido — tranquilo

amable — nervioso — simpático — serio

(anotaciones: from · bigote = barba = moustache)

COMUNICACIÓN
Describir el carácter
Es muy simpático.
Es alegre.

c) Utiliza las palabras anteriores para describir el físico y el carácter de tu compañero.

Mi compañero es alto y delgado. Es divertido...

(anotación: cual es su estatura / cuanto mide)

2. ¡Así lo recuerdas mejor!

Completa este mapa de vocabulario con las palabras de arriba.

DESCRIPCIÓN
la altura
FÍSICO
CARÁCTER
el pelo
la edad

(anotación: P)

OJOS,
verdes
marrones (cafes)
azules
negros
grises

3. Busca a tu pareja.

a) Coge una tarjeta, léela y busca al compañero que tiene la palabra contraria a la tuya.

| ALTO | ABURRIDO | DIVERTIDO |
| BAJO | GORDO | DELGADO |

b) Piensa en un personaje famoso y descríbelo.
Tu pareja tendrá que adivinar quién es.

Es joven, es moreno...

4. Mis compañeros de trabajo.

Escucha cómo es cada persona y escribe el nombre de cada uno debajo de la imagen.

....

Aquí tienes algunos elementos más para describir personas.

Lleva...
...gafas
...bigote
...barba

5. Tu compañero es...

a) En parejas. Describid a un compañero por escrito sin decir su nombre.

Es alto y delgado.
Es moreno. Lleva gafas.
Es muy simpático.

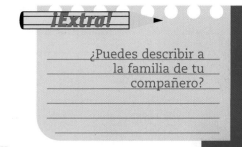

¡Extra!

¿Puedes describir a la familia de tu compañero?

b) Leed la descripción al resto de clase. ¿Saben quién es? Gana la pareja que descubra a más compañeros.

Reyes y emperadores

LA FAMILIA REAL

La Familia Real es muy querida en España. El rey se llama Juan Carlos. Está casado con la reina Sofía. Tienen tres hijos: dos hijas y un hijo. Sus dos hijas están casadas. La hija mayor se llama Elena, está casada con Jaime de Marichalar y tiene dos hijos, un niño y una niña. La infanta Cristina está casada con Iñaki Urdangarín y tiene dos niños. El príncipe Felipe está soltero. Los Reyes tienen cuatro nietos. El rey tiene dos hermanas, Pilar y Margarita. La Familia Real es una familia moderna en la que cada uno de sus miembros tiene responsabilidades públicas.

1. Lee el texto y contesta a estas preguntas.

- ¿Cuántos miembros son?
- ¿Cómo se llaman?
- ¿Cuántos nietos tiene el rey?

2. **¿Cuántos años tienen?**

Fíjate en las fechas de nacimiento y escribe la edad de algunos miembros de la Familia Real.

Pilar 1936-	Juan Carlos I 1938-	Sofía de Grecia 1938-	Margarita 1939-

Jaime 1963-	Elena 1963-	Iñaki 1968-	Cristina 1965-	Felipe 1968-

Felipe 1998-	Victoria 2000-	Juan 1999-	Pablo 2000-

Juan Carlos - 1938. ¿Cuántos años tiene? ....

Elena - 1963. ¿Cuántos años tiene? ....

Cristina - 1965. ¿Cuántos años tiene? ....

Felipe - 1968. ¿Cuántos años tiene? ....

3. Reyes y emperadores aztecas, incas y mayas.

En Latinoamérica no existe ningún país con monarquía. ¿Sabías que en la antigüedad sí había reyes y emperadores: aztecas, mayas, incas...?

● Lee el texto y construye el árbol genealógico de Atahualpa.

Atahualpa es hijo de Huayna Capac, inca conquistador, y de la princesa Paccha, hija de Cacha, último shyri soberano del pueblo de los Quitus. Al morir Huayna Capac, padre de Atahualpa, asigna a su heredero primogénito, Huáscar, todo el imperio inca y a su segundo hijo, Atahualpa, el reino de Quito.

4. La familia más famosa de tu país.

● En parejas, ¿cuál es la familia más famosa de tu país? Puedes hablar del presidente o de algún personaje famoso (cuántos miembros son, cómo se llaman, cuántos años tienen...).

¡JUEGA CON EL ESPAÑOL!

● Escucha esta canción y señala de quién habla.

● Vuelve a escucharla y describe al personaje.

C
A
N
C
I
Ó
N

1. a) Lee las siguientes cartas.

Querida Familia Rodríguez:
Mi amigo llega el día 17 de este mes en el vuelo 376. Es bajo, moreno y un poco gordo. Es amable, tranquilo y serio pero muy divertido.
Un saludo
Sven

Estimada familia Gómez:
Mi nombre es Susane y soy la madre de Andrea. Mi hija llega a Madrid el día 18 de octubre en el vuelo 508. Es alta y morena. Es un poco tímida pero muy simpática.
Un saludo
Susane

Querida Paula:
Soy Anne-Sophie y llego a Barcelona el día 20. Mi avión sale de París a las 12:00 horas y el vuelo es el 478. No soy muy alta, soy delgada y tengo el pelo largo. Hablo poco español pero hablo mucho francés. Soy muy habladora.
Anne-Sophie

Estimados Sres. de Miguel:
Mi avión llega a Granada el día 2 de octubre a las 13.00 horas. Soy muy alto y rubio. Tengo el pelo rizado y llevo gafas.
Klaus.

b) ¿Conoces todos los adjetivos que hay en las cartas? Pregunta el significado de los que no conozcas a tu compañero o a tu profesor.

c) Coloca los adjetivos en la columna correspondiente.

Adjetivos para describir físicamente	Adjetivos de carácter

2. Observa este cómic.

● ¿Te gusta chatear? ¿Eres sincero cuando chateas?

¡Hola! Me llamo Vanesa. Tengo 25 años. Soy rubia, alta y delgada. Soy periodista. No hablo mucho español y además soy tímida, ¿puedes ayudarme?

¡Hola! Me llamo Iván. Soy alto, moreno y muy fuerte. Tengo 35 años. Soy director de un banco. Puedo ayudarte con el español, ¿puedes ayudarme tú con el inglés?

3. a) ¿Cómo es tu compañero? Estas son algunas de las familias españolas con las que puede vivir. Elige una familia para él teniendo en cuenta su carácter.

Familia Pérez

Familia Rodríguez

Familia Ortiz

b) Ahora escribe una carta a la familia española con la que va a vivir y habla de tu compañero.

25 de enero de 2002

Estimada familia:

Mi amigo llega en el vuelo 522...

Ahora ya eres capaz de:

● Describir físicamente a las personas:

1. ¿Cómo son? Describe físicamente a Julia, Jaime y Lourdes.

● Preguntar algunos datos sobre otras personas:

♦ el nombre y los apellidos   ♦ la edad   ♦ la nacionalidad

♦ la descripción física   ♦ el carácter

2. Pregunta a tu compañero sobre su mejor amigo y después contesta a sus preguntas.

● Hablar de la familia y preguntar a alguien por:

♦ el nombre de los miembros de su familia   ♦ la edad   ♦ el estado civil

3. Pregunta a tu compañero sobre su familia y después contesta a sus preguntas.

VOCABULARIO

Nombres de parentesco

Descripción física

Carácter

Lugares y establecimientos públicos

AL FINAL DE ESTA UNIDAD VAS A:

- Buscar el barrio idóneo para vivir.

PARA ELLO VAMOS A:

○ Preguntar por la existencia de establecimientos y lugares públicos.

○ Localizar establecimientos y lugares públicos.

○ Pedir y dar indicaciones para llegar a un lugar.

○ Preguntar y decir la hora.

1. Hay un teatro.

a) Observa el dibujo grande.

b) ¿Qué hay en la calle? Busca en tu diccionario las palabras que no conozcas.

▶ *Hay un teatro.*

▶ *Hay una estacion de metro.*

> ### GRAMÁTICA
> **HAY**
>
> **HAY + un / una + nombre**
> Hay un supermercado.
> Hay una parada de autobús.
>
> **HAY + nombre plural**
> Hay cajeros al final de esta calle.
> Hay dos cines en esta plaza.

iglesia

highschool

colegio

banco

cine

farmacia

teatro

supermercado

museo

parada de autobús

quiosco

ATM

cajero (automático)

bar

parque

estación de metro

ayuntamiento

city Hall

2. El teatro está...

a) Lee las siguientes frases y fíjate en las palabras en negrita.

▶ *El teatro está **a la derecha** del cine, **al lado del** bar.*

▶ *La parada de autobús está **al final de** la calle, **a la izquierda.***

▶ *El cajero está **enfrente del** bar, **después de** la iglesia.*

b) Mira de nuevo el dibujo y completa.

El colegio está ....
El ayuntamiento ....
El supermercado ....

c) Habla con tu compañero. ¿Dónde están situados los otros lugares?

> ### GRAMÁTICA
> **Adverbios de lugar**
>
> al lado (de) *side*
> después (de) *after*
> al final (de) *end*
> enfrente (de) *in front*
> a la izquierda (de)
> a la derecha (de)

detrás behind
detrás de

3. Perdone, ¿dónde está...?

a) Observa estas situaciones.

Perdone, ¿dónde está la calle Gamazo?

Preguntar por un lugar

¿Dónde **está** la calle Gamazo?

¿**Hay** un banco por aquí cerca?

Perdona, ¿hay un cajero por aquí cerca?

b) Escucha y repite.

c) Escucha el nombre de algunos lugares y di en voz alta la pregunta que necesitas para llegar a ellos.

El Museo del Mar

Perdona, ¿(sabes) dónde está el Museo del Mar?

Una farmacia

Perdone, ¿hay una farmacia por aquí cerca?

4. ¿Hay un cajero por aquí?

a) Observa la situación.

Perdona, ¿hay un cajero por aquí cerca?

Sí. Allí hay uno. ¿Ves el cine? Enfrente hay un cajero.

Estar

estoy
estás
está
estamos
estáis
están

b) Mira de nuevo el dibujo grande y practica con tu compañero. Uno pregunta por el lugar y el otro responde.

1. ¿Cómo puedo llegar?

a) Escucha las siguientes instrucciones. Mira a tu profesor.

giras a la derecha

giras a la izquierda

sigues recto por esta calle

coges la primera calle a la izquierda

b) Ahora escucha, repite e imita al profesor.

c) ¿Sabes lo que significan estas instrucciones?

d) Escucha y marca en el mapa el itinerario para llegar a la calle Leguina.

VOCABULARIO
Los números ordinales

1^{era}	primera
2da	segunda
3^{era}	tercera
4ta	cuarta
5ta	quinta
6ta	sexta

séptimo
octavo
noveno
décimo

quinto

VOCABULARIO
Distancias

(muy / bastante) cerca
(muy / bastante / un poco) lejos
a (unos) 10 minutos andando
a (unos) 100 metros

e) Escucha de nuevo y completa el diálogo.

► *Por favor, ¿la calle Leguina está muy lejos?*

► *No, está cerca, a unos 10 minutos andando. Mira, ... por esta calle, hasta la fuente. Allí, ... a la derecha, sigues recto, ... una avenida con árboles y .... la primera calle a la izquierda. Esa es la calle Leguina.*

► *A ver... Sigo recto hasta la fuente. Giro a la derecha, sigo recto, cruzo una avenida y cojo la .... a la izquierda.*

► *Eso es.*

► *Muchísimas gracias.*

► *De nada. Adiós.*

f) Escucha y comprueba.

g) En parejas. Sitúa otros lugares en el plano y dale instrucciones a tu compañero para llegar a ellos.

to cross

GRAMÁTICA

to turn

Cruzar

cruzo
cruzas
cruza
cruzamos
cruzáis
cruzan

Girar

giro
giras
gira
giramos
giráis
giran

to take

Coger *(tomar)*

cojo
coges
coge
cogemos
cogéis
cogen

to follow / continue

Seguir

sigo
sigues
sigue
seguimos
seguís
siguen

sigo

2. ¿Cómo vas?

Mira las fotografías. ¿Qué medio utilizas para moverte por la ciudad?

Voy en metro.

a pie
en taxi
en coche
en metro
en tren
en autobús

3. Una encuesta. *inquiry*

a) ¿Cuál crees que es el medio de transporte más usado en clase? Haz una encuesta a tres compañeros para saber qué medio de transporte utilizan para:

- Venir a clase
- Volver a casa
- Ir al trabajo

b) Toda la clase. Con los resultados de vuestras encuestas, comprobad cuál es el medio de transporte más usado en clase.

GRAMÁTICA

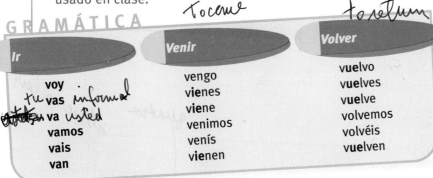

To come   to return

Ir	Venir	Volver
voy	vengo	vuelvo
tu vas *informal*	vienes	vuelves
va usted	viene	vuelve
vamos	venimos	volvemos
vais	venís	volvéis
van	vienen	vuelven

4. ¿Cómo vienes a clase?

Pregunta a tu compañero qué hace para venir a clase.

▶ *Salgo de casa y voy hasta la parada del autobús.*

▶ *Pues yo ...*

5. ¿Qué hora es?

a) Lee el diálogo.

▶ *Perdone, ¿tiene hora?*
▶ *Sí, son las diez y veinticinco.*
▶ *Gracias.*
▶ *De nada.*

b) Tu profesor va a dibujar unos relojes en la pizarra. Practica con tu compañero. Pregunta y di la hora.

COMUNICACIÓN

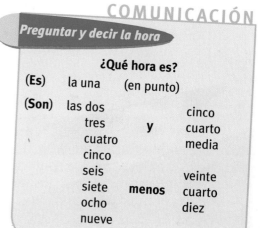

Preguntar y decir la hora

	¿Qué hora es?		
(Es)	la una	(en punto)	
(Son)	las dos		cinco
	tres	y	cuarto
	cuatro		media
	cinco		
	seis		veinte
	siete	**menos**	cuarto
	ocho		diez
	nueve		
	...		

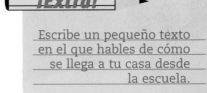

¡Extra!

Escribe un pequeño texto en el que hables de cómo se llega a tu casa desde la escuela.

Ciudades de América Latina

1. Lee los textos y contesta a las preguntas.

Populated

Ciudad de México

Es la capital de México y está situada a 2.240 metros de altitud, en el centro del territorio mexicano. Es una de las ciudades más grandes y pobladas del mundo con casi 20 millones de habitantes. Ciudad de México tiene la calle más larga del mundo: la calle de Los Insurgentes mide 25 km. En esta calle se encuentra *está* el México más moderno y contemporáneo, con sus muchos bares, restaurantes, teatros y rascacielos.

high buildings

- ¿Cuántos kilómetros mide la calle más larga del mundo?
- ¿En qué ciudad está?

cuadra *above sea level*

La Paz

Está situada al Noroeste de Bolivia y es la capital más alta del mundo: 3.658 metros de altura sobre el nivel del mar. Tiene una extensión de 133.985 km² y una población de casi dos millones y medio de habitantes. Es la capital económica de Bolivia. La Paz es una ciudad muy especial porque en tres horas de viaje podemos cambiar de paisaje y de clima. Tiene muchos museos e iglesias interesantes, como la iglesia de San Francisco. Cerca de esta iglesia está el antiguo y famoso mercado de Los Brujos.

- ¿Cuál es la capital más alta del mundo?
- ¿Por qué es una ciudad especial La Paz?
- ¿Dónde está situado el Mercado de Los Brujos?

La Habana

corners

Es la capital de la república de Cuba. También es el centro de la vida cultural, económica y social del país. Por la noche La Habana se transforma en un lugar de diversión: la música caribeña suena *audible* por todos los rincones de la ciudad. Es una de las ciudades más cosmopolitas y bellas de América Latina. Su situación geográfica, en el centro del Caribe, es privilegiada. En su famoso malecón de 12 km de largo se reúnen muchas personas para charlar, leer, mirar al mar o esperar la puesta del sol.

wait
sunset
hablar
sunrise amanecer (aurora)

- ¿Dónde se reúnen muchos habaneros y habaneras para charlar, leer, mirar al mar...?

2. ¿Sabes cómo se numeran las calles en España?

Te sitúas de espaldas al centro de la ciudad. Si sigues recto, los números avanzan. A la derecha están los números pares (2, 4, 6, 8...) y a la izquierda los impares (1, 3, 5, 7...). ¿Es igual en tu país?

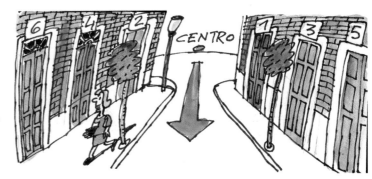

¡JUEGA CON EL ESPAÑOL!

D E F I N I C I O N E S

- Lee los siguientes textos, ¿de qué lugares u objetos hablan?

  1. ¿Qué es un ...Bar...?

     Es un lugar donde puedes  , y charlar.

  2. ¿Qué es un ...Supermercado...?

     Es un lugar donde compras , , y también .

  3. ¿Qué es un ...Buzón...?

     Es un lugar donde echas y, a veces, tu .

- Sustituye los dibujos por palabras. Puedes usar el diccionario. Cuando termines, compara con tu compañero.

- ¿Te has fijado en que las dos partes de cada texto (la pregunta y la respuesta) riman?

- En parejas. ¿Podéis hacer algo parecido para definir *cajero*?

  4. ¿Qué es un *cajero*?

     Es ...sacar dinero...

1. Observa los dibujos. Habla con tu compañero. ¿Entiendes el chiste?

Queremos un piso en el centro, con grandes zonas verdes, piscina, tranquilidad y sin contaminación

2. a) Lee estos dos anuncios.

①

Urbanización Las Fuentes
Al norte de la ciudad.
Zona residencial, muy tranquila,
con muchas zonas verdes.
Muy cerca de la ciudad, tren de
cercanías cada diez minutos.
Colegio cerca de la urbanización.
Polideportivo y parques para niños.
Pistas de tenis.
A 3 km del centro comercial.

②

Edificio antiguo rehabilitado
Calle peatonal.
En el centro de la ciudad.
Muy cerca del parque del Retiro.
Al lado de museos, cines, teatros...
Bien comunicado.

A

B

b) Relaciona cada anuncio con la foto.

c) Contesta a las preguntas y habla con tu compañero.

- ¿Cuál de los dos barrios tiene mayor oferta cultural?
- ¿Cuál está más lejos de las tiendas?
- ¿Cuál está fuera de la ciudad?
- ¿Cuál es el más ruidoso?
- ¿Cuál es el más adecuado para la familia con niños?, ¿por qué?
- ¿Cuál es más adecuado para una pareja joven sin hijos?, ¿por qué?

3. ¿Recuerdas a la pareja de la actividad 1? Escucha el mensaje que les deja la agencia inmobiliaria.

- ¿Crees que el piso les puede interesar? ¿Por qué?

4. En grupos A y B (2-3 personas por grupo).

Grupo A

Imaginad que tenéis que alquilar o comprar juntos una casa. Pensad qué relación os une, vuestras edades, profesiones, dónde trabajáis o estudiáis y qué tipo de casa queréis. Después haced una lista con las características del grupo y otra con las características de la casa que queréis.

Características del grupo
Somos...

Características del tipo de casa para vivir
Queremos una casa en un barrio...

Grupo B

Pensad en distintas zonas o barrios de la ciudad y elaborad distintos tipos de anuncios para ofrecer al grupo A.

5. Por grupos A y B. Reunión en la inmobiliaria para conocer las características del grupo A. El grupo B toma notas y le muestra las distintas ofertas que tiene.

6. Poned en común los distintos lugares ofrecidos y elegid un único sitio para vivir.

Ahora ya eres capaz de:

● Hablar de la existencia de lugares y establecimientos de una ciudad:

1. ¿Qué lugares y establecimientos hay en esta zona de la ciudad?

2. Habla de la situación de los lugares de tu ciudad con respecto a otros.

● Pedir y dar instrucciones para llegar a un lugar:

3. En la calle. ¿Qué pregunta haces para ir a los siguientes lugares?

una farmacia   el Museo Real   un cajero   la estación de Atocha

4. Piensa en algún lugar cercano al centro donde estudias español y dale a tu compañero las instrucciones para llegar allí. Tu compañero tiene que adivinar de qué lugar se trata.

● Preguntar y decir la hora:

5. Marca una hora en dos de estos relojes. Pregunta a tu compañero la hora y dile la que hay en tus relojes.

VOCABULARIO

el banco   el museo   el cajero   en pie   en tren   en coche

Lugares de la ciudad

cerca

Medios de transporte

el parque   el ayuntamiento   lejos   enfrente de   en avión   en autobús

Adverbios de lugar

la iglesia

fuera de   muy lejos

La comida
y el restaurante

AL FINAL DE ESTA UNIDAD VAS A:

● Elaborar la carta de un nuevo restaurante.

PARA ELLO VAMOS A:

○ Comprar alimentos.

○ Preguntar el precio.

○ Expresar gustos.

○ Pedir cosas en un restaurante.

○ Expresar deseos y preferencias.

ensalada = salad

¿Qué comemos?

1. La nevera de Pedro.

refrigerator

a) Observa la situación del dibujo grande.

b) Mira estas palabras. Subraya las que conozcas y el resto pregúntaselas a tus compañeros.

lettuce *garlic*

veal

> patatas jamón sardinas tomates leche
> filetes de ternera merluza lechuga ajos naranjas
> plátanos chuletas de cordero vino cebollas
> agua mineral chocolate yogur *orcas*

lamb

[P] PRONUNCIACIÓN

Separar sílabas

- Escucha y repite el nombre de estos alimentos.
- Escucha de nuevo. ¿Cuántas sílabas tienen? Pon la palabra en la columna correspondiente.

O	OO	OOO	OOOO

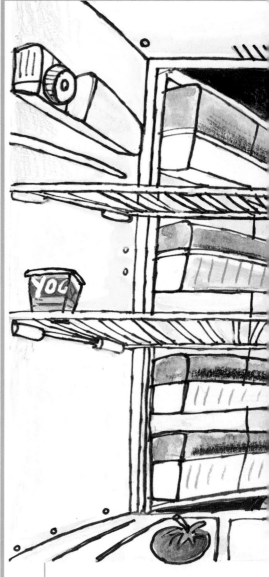

2. No hay nada.

a) De los productos anteriores, ¿qué hay y qué no hay en la nevera de Pedro?

Hay un tomate.
No hay leche.

b) ¿Qué cosas hay en tu nevera?, ¿cuáles no?

3. En el supermercado.

Pedro ya está en la caja del supermercado para pagar.

a) Escucha y comprueba con la lista del dibujo, después contesta a la pregunta.

- ¿Ha olvidado algo?

b) Escucha de nuevo y contesta a las preguntas.

- ¿Cuánto tiene que pagar?
- ¿Puede pagar con tarjeta?

4. ¿Qué vas a comer hoy?

Piensa qué vas a comer hoy y haz tu lista de alimentos. Compárala con tu compañero. ¿Vais a comer lo mismo?

COMUNICACIÓN

Preguntar el precio

¿Cuánto es?
¿Cuánto cuesta?

pavo turkey

1 docena de huevos
2 latas de atún
1 kg. de tomates
1 kg. de harina *flour*
1 pollo
4 yogures
6 latas de cerveza
1 kg. de arroz
1 barra de pan *loaf, bar*
1 litro de aceite *oil*

sobras *leftover*

queso cheese

6. Secciones del supermercado.

Estas son algunas de las secciones de un supermercado. Escribe los alimentos que has aprendido hasta ahora.

Panadería: ....
Lácteos: ....
Carnicería: ....
Frutas y verduras: ....
Bebidas: ....
Pescadería: ....

7. ¿Gusta o gustan?

Completa las frases.

No me .... nada ....

Me .... muchísimo ....

No me .... mucho ....

Me .... mucho ....

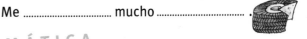

5. ¿Cuánto cuestan los tomates?

Pregunta la información que no tienes a tu compañero.

▶ *¿Cuánto cuesta el atún?*

▶ *Nueve euros el kilo.*

A

manzanas
1,6 euros/kg.

ajos
2,32 euros/kg.

....

merluza
10,22 euros/kg.

....

B

....

filete de ternera
9,57 euros/kg

pollo
5 euros/kg

fresas
2,98 euros/kg

8. Me gusta mucho.

a) ¿Quieres conocer los gustos de tu compañero? Haz preguntas.

▶ *¿Te gustan las naranjas?*

▶ *No, no me gustan nada.*

	Mucho	Bastante	Nada
Las naranjas			

b) ¿Coincides con tu compañero?

A mí me gusta mucho la fruta pero a Joe no le gusta nada.

1. ¿Qué van a tomar?

a) Escucha y lee esta conversación en un restaurante mexicano entre el camarero, Pedro y una amiga suya.

Camarero: Buenas noches, ¿qué van a tomar?

Pedro: ¿Qué tienen?

Camarero: Tenemos antojitos, guacamole, tacos y fajitas. Y de segundo, enchilada de mole, solomillo al grill, tortitas de verdura y pipián verde.

Ana: ¿Qué lleva el guacamole?

Camarero: Lleva aguacate, cilantro, tomates y chiles frescos.

Ana: Para mí, guacamole y un solomillo al grill.

Camarero: El solomillo, ¿cómo lo quiere?

Ana: Poco hecho.

Pedro: Yo voy a tomar tacos y pipián verde.

Camarero: ¿Y para beber?

Pedro: Cerveza y agua mineral.

Camarero: Muy bien.

...

Camarero: ¿Van a tomar postre?

Ana: ¿Qué tienen?

Camarero: Pastel de Elote y pastel indio.

Ana: Pues un pastel de Elote.

Pedro: Yo no quiero postre, gracias.

Camarero: ¿Quieren café?

Pedro: Yo uno solo.

Ana: Para mí, con leche.

...

Pedro: ¿Nos trae la cuenta, por favor?

Camarero: Ahora mismo.

b) Lee de nuevo y elabora el menú del restaurante.

c) Escucha de nuevo. ¿Y a ti?, ¿cómo te gusta la carne?

A mí me gusta muy hecha.

VOCABULARIO

La carne

muy hecha
al punto
poco hecha

2. De primero...

Practica la conversación anterior con dos compañeros. En grupos de tres, separad los diálogos de cada uno de los personajes y luego representad el papel ante la clase.

Camarero

Ana

Pedro

3. Vamos a poner la mesa.

set the

Estos son los utensilios que se usan en la mesa. Utilizad un diccionario y escribid los nombres debajo de cada imagen.

una cuchara

una copa

un vaso

un plato

una servilleta

un cuchillo

una botella de vino

un tenedor

una jarra

trash

4. ¿Me trae otra...?

a) Imagina que estás en un restaurante. Escucha y fíjate cómo se piden cosas al camarero.

b) Ahora pide al camarero estos objetos y productos.

¿Me trae un poco de pan, por favor?

1

2

3

4

5

5. ¿Qué prefieres?

Pregunta a tus compañeros por sus preferencias alimenticias. ¿En qué coincidís?

▶ *¿Qué prefieres, la carne o el pescado?*

▶ *Prefiero la carne.*

▶ *¿Qué os gusta más, el pollo
o el pescado?*

▶ *Preferimos el pescado.*

- la carne o el pescado
- el vino o la cerveza
- el agua con gas o sin gas
- la fruta o los helados
- el café o el té
- la verdura o la pasta

¡Extra! ▶

Escribe sobre
cuáles son tus alimentos
preferidos.

Comida española y latinoamericana

1. Aquí tienes algunos platos típicos de la cocina española y latinoamericana. ¿Los conoces? ¿Los has probado alguna vez? ¿Sabes de dónde son típicos? Pregunta a tus compañeros y entre todos relacionad el plato con el país al que corresponda.

Cocido

Tacos

Callos

Ropa vieja

Carué

Cebiche

Churrasco

MÉXICO
CUBA
REPÚBLICA
DOMINICANA
PUERTO RICO
GUATEMALA HONDURAS
EL SALVADOR NICARAGUA
COSTA RICA
VENEZUELA
PANAMÁ
COLOMBIA
ECUADOR
PERÚ
BOLIVIIA
PARAGUAY
CHILE
URUGUAY
ARGENTINA

2. La cocina española.

Lee el texto y contesta a las preguntas.

La cocina española está marcada por tres acontecimientos históricos fundamentales: primero la dominación romana, después los ocho siglos de presencia árabe y por último el descubrimiento de América. Por eso nuestra cocina es variada, original y muy rica en sabores y aromas.

La base de la cocina española está en el aceite de oliva, el vino, el pescado, el arroz, la fruta y, muy especialmente, las verduras y las legumbres. Todas las regiones españolas poseen variedades propias de lentejas, judías, habas, guisantes o garbanzos y formas típicas de cocinarlos. Algunas verduras como las espinacas, las berenjenas, el tomate, la patata o el pimiento proceden de África, Asia o América.

- ¿Qué influencias tiene la cocina española?

- Di cuatro productos básicos de la cocina española.

3. La cocina en tu país.

- ¿Cómo es la cocina de tu país?, ¿cuál es la base?

- Piensa en tu plato preferido y dile a tu compañero cómo se llama, él deberá adivinar tres ingredientes como mínimo.

¡JUEGA CON EL ESPAÑOL!

¿Qué comemos?

Escucha la canción de la Banda Negra, un grupo senegalés de gira por España. Después contesta a las preguntas.

- ¿Por dónde pasan?

- ¿Qué comen en cada ciudad?

- ¿Te gusta esta canción?

- ¿Te apetece cantarla?

C
A
N
C
I
Ó
N

PAÍS VASCO
CATALUÑA
MADRID
VALENCIA
ANDALUCÍA

ESPAÑA

Paella

1. Mira esta carta del restaurante *El Ajo Tierno* y escribe el nombre de los platos y bebidas donde corresponda.

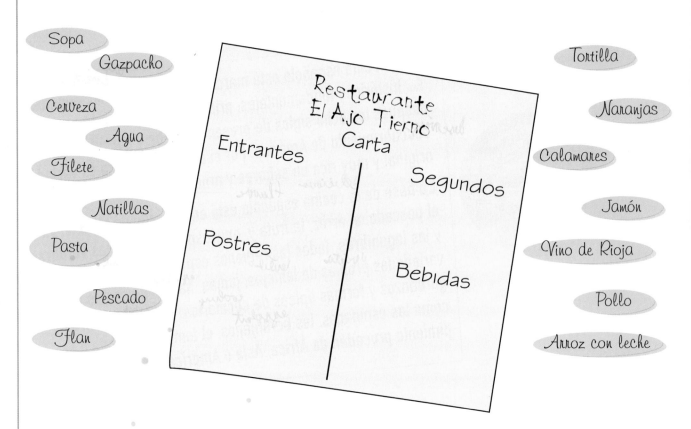

2. Estás en el restaurante *El Ajo Tierno*. Escucha al camarero que habla con los clientes de la mesa de al lado y escribe qué platos se han terminado.

3. Observa este cómic.

• ¿Qué va a comer el señor?

• ¿Le gusta la comida vegetariana?, ¿y a ti?

4. En grupos. Vais a abrir un nuevo restaurante. Decidid de qué tipo.

5. Pensad en los platos que vais a ofrecer y en los ingredientes que necesitáis para elaborarlos.

COCIDO
- Garbanzos
- Pollo
- Patata
- Zanahoria   carrots
- Sal
- Jamón
- ...

6. Ahora elaborad la carta del restaurante.

Carta

7. En grupos de tres. Un estudiante es el camarero y los otros van a comer al restaurante. Pedid la carta y elegid un menú.

Ahora ya eres capaz de:

- Decir el nombre de algunos productos alimenticios:

1. ¿Recuerdas tu última compra en el supermercado? Enumera los productos.

- Preguntar el precio:

2. Pregunta a tu compañero cuánto cuesta:
    - una barra de pan
    - un kg de arroz
    - un paquete de café
    - un yogur

¿Cuesta lo mismo en tu país?

- Hablar sobre tus gustos:

3. Pregunta a tu compañero qué comida le gusta más.

- Expresar gustos y preferencias:

4. Pregunta a tu compañero qué actividad prefiere:

La televisión

La fotografía

Leer

Escribir

La música

El cine

VOCABULARIO

Productos alimenticios

Platos españoles y latinoamericanos

Bebidas

Repaso I

EL JUEGO DE LA OCA

¿Sabes jugar a La Oca?

Preparación.

En grupos de seis. Haced tarjetas para revisar el vocabulario de las unidades 1 a 4.

El padre de tu padre es...

¿Dónde compras aspirinas?

Di el nombre de tres frutas.

¡A jugar!

En grupos de seis. Tres equipos de 2 alumnos. Tiráis el dado por turnos para llegar a la meta.

Reglas.

1. Tiráis el dado para avanzar. Al caer en una casilla, cogéis un tarjeta de las que habéis preparado antes (que estarán en un montón y boca abajo). Si contestáis correctamente, os quedáis en la casilla. Si no, volvéis a la casilla de donde venís.

2. Si caéis en una casilla con oca (fondo azul) y contestáis correctamente, saltáis a la siguiente casilla con oca y cogéis otra tarjeta. Si no contestáis correctamente volvéis a la casilla donde estabais, y así sucesivamente.

3. Si caéis en una casilla de "buena suerte" (fondo verde) y contestáis correctamente, saltáis a la casilla correspondiente (al otro puente o a los otros dados).

4. Casillas de "mala suerte" (fondo rojo):

- La posada: un turno sin tirar.
- El laberinto: volvéis a la casilla 3.
- El pozo: escribir un S.O.S. a cada uno de los compañeros y esperar a que alguno caiga y recoja el mensaje.
- La cárcel: dos turnos sin tirar.
- La muerte: volvéis a la casilla de salida.

5. La primera pareja que llega a la casilla *META*, gana.

1. ¿A qué te dedicas?

a) Mira las imágenes.

b) Relaciona cada imagen con una de las siguientes profesiones.

1. Dependienta
2. Peluquero
3. Arquitecta
4. Azafata
5. Electricista
6. Médico

c) Piensa en una de estas profesiones y da pistas a tu compañero para que adivine de qué profesión se trata. Repetidlo varias veces. Podéis pensar en otras profesiones que conozcáis.

► *Es muy amable.*
► *¡Azafata!*
► *No. Es muy amable y trabaja en un hospital.*
► *¡Enfermero!*
► *No. Es...*

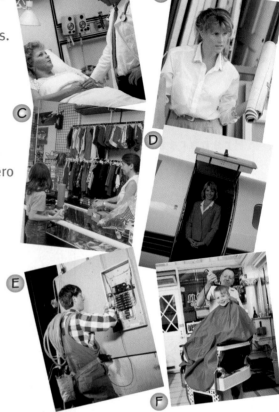

2. ¿Quién es Álvaro?

a) Relaciona las descripciones con los personajes y ayúdanos a encontrar a Álvaro.

a
Rafa: Tiene el pelo largo y liso. Es bastante delgado.

b
Guillermo: Es bajo y un poco gordito. Es pelirrojo y tiene el pelo rizado.

c
Antonio: Es moreno, alto y delgado. Tiene los ojos negros.

d
Jorge: Es moreno, alto y delgado y tiene los ojos claros.

b) ¿Cómo es Álvaro?

3. El barrio de La Alameda.

a) Observa este plano de La Alameda en Ciudad de México.

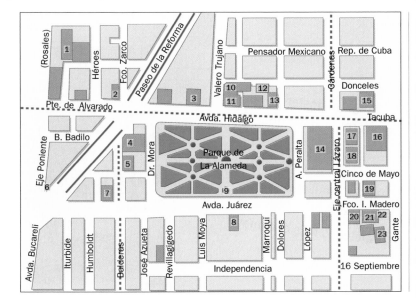

1. Iglesia panteón de San Fernando
2. Iglesia de San Hipólito
3. Museo de la Secretaría de Hacienda
4. Pinacoteca Virreinal
5. Museo de la Alameda
6. El Caballito
7. Fondo de las Artesanías
8. Iglesia del Corpus Christi
9. Monumento a Benito Juárez
10. Museo Franz Mayer
11. Iglesia de San Juan de Dios
12. Museo de la Estampa
13. Iglesia de Santa Veracruz
14. Palacio de Bellas Artes
15. Museo Nacional de Arte
16. Palacio de la Minería
17. Palacio de Correos
18. Banco de México
19. Casa de los Azulejos
20. Torre Latinoamericana
21. Iglesia de San Francisco
22. Iglesia de la Expiación
23. Templo Metodista

b) Responde a las siguientes preguntas:

- ¿Qué edificio hay en la esquina de la calle Cinco de Mayo con Lázaro Cárdenas?
- ¿Cómo se llama el parque que aparece en el plano?
- ¿En qué calle está el monumento a Benito Juárez?

4. ¿Tomamos unas tapas?

a) Lee el texto.

b) Aquí tienes algunas tapas muy típicas. Relaciona las tapas con el nombre que tienen.

En España es habitual, sobre todo los días que no se trabaja, salir a tomar algo antes de comer o cenar. Normalmente se toma una bebida y, para acompañarla, una tapa. Las tapas son pequeñas cantidades de comida.

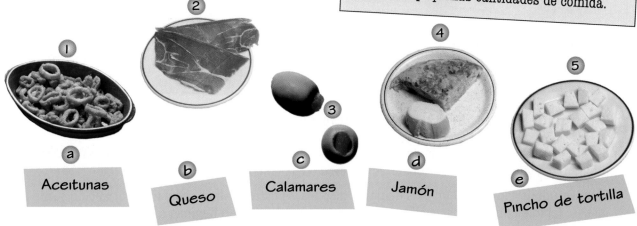

Aceitunas

Queso

Calamares

Jamón

Pincho de tortilla

c) Escucha a unas personas que están en un bar. ¿Qué van a tomar?

Los hispanohablantes: ¿quiénes somos?, ¿cómo somos?

Nuestros nombres, nuestras familias, nuestras ciudades, nuestras comidas.

En pequeños grupos. Vais a confeccionar un póster de un país de habla hispana. En él tenéis que ofrecer la siguiente información:

1. Nombres y apellidos.
- Nombres más comunes y apelativos familiares. ¿Son corrientes los nombres compuestos?
- ¿Tienen uno o dos apellidos? Apellidos más comunes.

2. Familia tipo.
- ¿Cuántos miembros tiene?
- ¿A qué edad se van los hijos de casa?
- ¿Viven los abuelos con la familia?
- ¿En qué ocasiones se reúne toda la familia?

3. Ciudades.
- ¿Cuáles son las ciudades más importantes?
- Pequeña descripción de una ciudad importante.

4. Comidas.
- Productos básicos de la dieta del país.
- Un plato típico.
- Horarios de comidas.

¿Cómo podéis obtener esta información?

- Si estudiáis español en un país de habla hispana, buscad la información en la calle (hablad con la gente, preguntad a vuestro profesor, consultad los medios de comunicación...).

- Si no estudiáis español en un país de habla hispana, vuestro profesor os dará información sobre algunos países. También podéis buscar información en Internet (visitando páginas o *chateando* con gente del país elegido) o en otros medios.

Vida cotidiana

AL FINAL DE ESTA UNIDAD VAS A:

● Describir a tu compañero la casa en la que vives.

PARA ELLO VAMOS A:

○ Hablar de acciones habituales.

○ Hablar de la frecuencia con que se hacen las cosas.

○ Describir y hablar de la casa.

○ Hablar de lo que están haciendo otras personas.

1. La rutina de Ana.

Observa los dibujos. Estas son algunas de las cosas que hace Ana un día normal.

2. Vivir con una familia española.

a) Escucha esta conversación entre Marc, un chico que quiere pasar un tiempo en España, y Ana, la dueña de la casa. Después completa las horas de la actividad 1.

GRAMÁTICA

Despertarse

me desp**ie**rto
te desp**ie**rtas
se desp**ie**rta
nos despertamos
os despertáis
se desp**ie**rtan

Acostarse

me ac**ue**sto
te ac**ue**stas
se ac**ue**sta
nos acostamos
os acostáis
se ac**ue**stan

Levantarse

me levanto
te levantas
se levanta
nos levantamos
os levantáis
se levantan

b) Pregunta a tu compañero qué hace un día normal y a qué hora, luego cuéntaselo al resto de la clase.

▶ *¿Qué haces por la mañana?*
▶ *Voy al gimnasio.*
▶ *¿A qué hora?*
▶ *A las 8:30.*

COMUNICACIÓN

Hablar de acciones habituales

▶ ¿A qué hora te levantas?
▶ A las ocho.
▶ ¿Qué horario de trabajo tienes?
▶ Trabajo de nueve a dos y de cuatro a cinco y media.

3. Profesiones y rutinas.

Imagina qué hacen normalmente estas personas. Explica la rutina de una de ellas; tu compañero deberá adivinar de quién se trata. Si quieres saber cómo se dice alguna acción, haz mímica y tu profesor te lo dirá.

Se levanta a las siete de la mañana, desayuna y se ducha. A las ocho sale de casa y...

VOCABULARIO

Partes del día

Por la mañana
Por la tarde
Por la noche
Al mediodía

se despierta a las 7:45

coge el autobús   traba

come ....   vuelv

ve la televisión

se ducha   desayuna ....

e ..... a .....   prepara la comida

asa ....   cena

se acuesta ....

4. La frecuencia.

Ordena las cosas que hace Ana según la frecuencia, después compara tus respuestas con un compañero.

A veces toma café con las amigas. . . . . ☐

Casi nunca va al fútbol. . . . . ☐

A menudo va al cine. . . . . ☐

Todos los días prepara la comida. . . . . ☐

Cada quince días visita a sus padres. . . . . ☐

Una vez al año va de vacaciones. . . . . ☐

Ana nunca bebe alcohol. . . . . ☐

Dos veces por semana hace yoga. . . . . ☐

VOCABULARIO

Expresiones de tiempo

Todos los días
Los fines de semana
Dos veces por semana
Una vez al año
Cada quince días

COMUNICACIÓN

Hablar de la frecuencia

Casi nunca como en casa.
A veces voy en autobús a trabajar.
A menudo veo a mis amigos.
Siempre me acuesto temprano.

5. ¿Juegas al tenis todos los días?

Pregunta a tus compañeros con qué frecuencia hacen estas cosas. Encuentra a uno que haga tres cosas con la misma frecuencia que tú.

▶ *¿Juegas al tenis todos los días?*

▶ *No, solo los fines de semana.*

▶ *¿Con qué frecuencia visitas a tus padres?*

▶ *Una vez por semana.*

| Nadar | Leer | Hacer senderismo |
| Visitar un museo | ...... | |

1. ¿Te enseño la casa?

a) Marc ya está en España. Ana le enseña su casa.

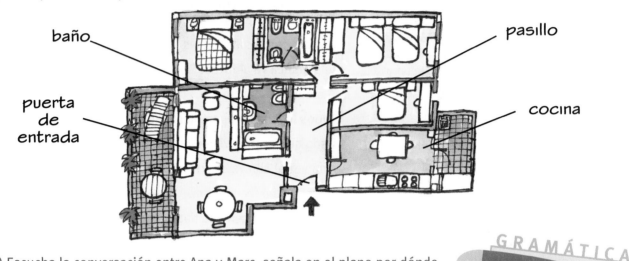

baño

pasillo

puerta de entrada

cocina

b) Escucha la conversación entre Ana y Marc, señala en el plano por dónde pasan y pon los nombres que faltan.

GRAMÁTICA

Preposiciones

encima
debajo
entre
detrás
delante

2. ¿Decoramos la casa?

a) Escribe el lugar de la casa donde quieres poner cada mueble u objeto.

La lámpara ⟶ *en el salón, encima de la mesa*
La planta...

la lámpara   la mesa   la planta   el armario   la silla   el cuadro   el inodoro   la estantería

la mesilla   la cama   el sillón   la televisión   la cocina   el lavabo   la alfombra

b) ¿Tus compañeros los han puesto en el mismo sitio que tú? Pregúntales.

▶ *¿Dónde pones la lámpara?*

▶ *En el salón.*

▶ *Yo, en el dormitorio.*

c) Describe los muebles del salón de tu casa y dónde están situados. Tu compañero lo dibujará.

Entre el sofá y el sillón hay una lámpara.

PRONUNCIACIÓN

La sílaba fuerte

- Escucha y repite el nombre de estos muebles y objetos.
- Escucha de nuevo. ¿Dónde está la sílaba más fuerte?

- Pon cada palabra en la columna que corresponda.

3. Vamos a dar un paseo.

Marc acompaña a Carlos a pasear al perro. En el parque hay mucha gente haciendo cosas.

a) Mira la fotografía y lee lo que están haciendo estas personas.

Está leyendo

Está remando

b) Y los otros, ¿qué están haciendo? Haz frases con los siguientes verbos.

hacer mimo

tocar un instrumento

montar en bicicleta

pasear

GRAMÁTICA

Estar + gerundio

regulares

está
están
+
cant-**ando**
com-**iendo**
escrib-**iendo**

irregulares

dormir ➞ durmiendo
leer ➞ leyendo

4. ¡Adivina!

Trae a clase fotografías de personas haciendo diferentes cosas: escribiendo, pintando, jugando..., y describe lo que se ve en ellas a tus compañeros para que adivinen lo que hacen.

▶ *Está en el comedor.*

▶ *Está comiendo.*

▶ *No, no está comiendo. Tiene un papel y un lápiz.*

▶ *Está escribiendo.*

▶ *Sí.*

¡Extra!

Escribe cómo es un día normal en tu vida.

¿Vivir en el campo o en la ciudad?

1. Mira las fotografías y lee los siguientes textos.

En las grandes ciudades españolas, cada vez es más frecuente que los habitantes del centro de la ciudad vivan solos en apartamentos. La historia y la gente está en la calle. El ruido y la contaminación, también.

"Vivo aquí porque todo está cerca: museos, mercado, restaurantes, tiendas... Lo malo es la contaminación y el ruido nocturno".

Trabajar en la ciudad y vivir en el campo no es imposible. Los transportes y las comunicaciones son cada vez mejores. Hoy en día encontramos personas que viven a más de 40 Km. de la ciudad y van todos los días a la ciudad a trabajar. Un dato curioso: si les preguntas, ¡todos tardan solo 25 minutos!

"Me gusta mucho vivir aquí porque mis padres me dejan estar más tiempo en la calle, dicen que no es peligroso. Tengo más amigos y más libertad".

"Aquí los niños son felices, tenemos una casa más grande y estamos en contacto con la naturaleza. El problema es que todo está lejos. Coche y atascos a todas horas para ir a trabajar".

2. Habla con tu compañero.

- ¿Dónde vives, en el centro, en el campo o en la periferia de la ciudad?

- ¿Te gustaría vivir en otro sitio?, ¿por qué?

- ¿Cuáles son las ventajas y los inconvenientes de vivir en la ciudad?, ¿y de vivir en el campo?

3. ¿Qué sabes de las construcciones en Latinoamérica?

a) Lee el siguiente texto e infórmate.

"Me gusta pasear por una zona con historia y con gente muy diferente por las calles. El inconveniente es que los pisos son caros, hay pocas zonas verdes y muchos problemas para aparcar".

Haciendas, estancias y fundos

Son construcciones de campo latinoamericanas dedicadas a la agricultura en la América colonial española. El nombre de **hacienda** era habitual en Perú, Colombia, Venezuela, Ecuador, Panamá y México. **Estancia** suele aplicarse en Argentina y **fundo** en Chile. Estas construcciones eran, a veces, muy grandes, como pequeñas ciudades. En la actualidad algunas de estas construcciones son hoteles de lujo.

b) ¿Qué tipo de construcciones predominan en tu país? Coméntalo con tus compañeros.

¡JUEGA CON EL ESPAÑOL!

- Observa las siguientes situaciones. En cada bocadillo se esconde el nombre de un mueble, ¿puedes encontrarlo?

Una revista de crucigramas, ¿difíciles o fáciles?

Ven a cenar, Mario. Se enfría la sopa.

¿Solo 30 euros? Saca más dinero.

Está haciendo una dieta muy rara. Solo come sardinas y manzanas.

- En parejas. ¿Sois capaces de hacer el bocadillo de "silla"?

1. Lucía se acaba de casar. Escucha cómo enseña su nueva casa a Sara, una amiga que va a visitarla. Escribe debajo de cada reacción de Sara a qué habitación se refiere.

¡Qué acogedor!
....

¡Qué bonito!
....

¡Me encanta!
....

¡Qué mona!
....

¡Qué luminosa!
....

¡Qué grande!
....

2. Escucha la audición de nuevo y dibuja el plano de la casa de Lucía.

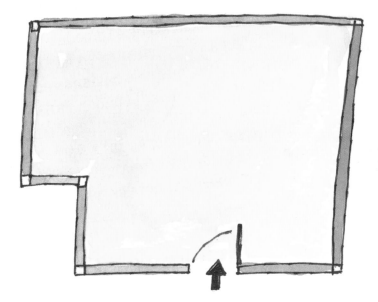

3. Compara tu plano con el de tu compañero, ¿son iguales?

4. Observa este dibujo.

¡Huy! ¡Qué mal gusto tiene!

Este es el baño.

¡Qué bonito!

5. a) En parejas. Traed fotos de vuestra casa o recortad algunas de una revista. Enseñáoslas y reaccionad valorando lo positivo.

| ¡Qué bonito! | ¡Qué grande! | ¡...............! |

b) Tu compañero deberá escribir un pequeño texto describiendo tu casa y tú la suya.

El salón es muy grande, tiene mucha luz...

6. Colocad las fotos y las descripciones en la pared. El resto de los compañeros deberá encontrar las descripciones que correspondan a cada casa.

Ahora ya eres capaz de:

● Hablar de tu rutina:

1. Pregunta a tu compañero qué hace normalmente:

- a las nueve de la mañana

- a la una

- a las cinco y media de la tarde

- a las diez de la noche

Después contesta a sus preguntas.

● Hablar de la frecuencia con que se hacen las cosas:

2. Pregunta a un compañero la frecuencia con que hace estas cosas:

● Enumerar las partes de la casa y los muebles:

3. Cuéntale a tu compañero cómo es tu casa. ¿Qué muebles tiene tu habitación?

VOCABULARIO

Expresiones de frecuencia

Partes de la casa

Muebles

La ropa

AL FINAL DE ESTA UNIDAD VAS A:

- Informarte de los gustos de un compañero a la hora de vestir y diseñarle una prenda.

PARA ELLO VAMOS A:

- Hablar de la ropa.
- Hacer comparaciones.
- Describir y valorar objetos y ropa.
- Pedir opinión.
- Expresar gustos y preferencias.
- Elegir y justificar la elección.

¿ Q u é l l e v a s ?

1. ¡Cuánta ropa!

a) Yolanda viene de las rebajas. Mira sus compras en el dibujo grande.

b) ¿Sabes el nombre de estas prendas de ropa? Elige una de ellas y habla con tus compañeros para averiguar su nombre.

   ▶ *¿Qué es esto?*
   ▶ *Una camisa. / No sé.*

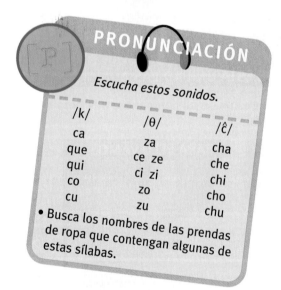

PRONUNCIACIÓN

Escucha estos sonidos.

/k/	/θ/	/ĉ/
ca	za	cha
que	ce ze	che
qui	ci zi	chi
co	zo	cho
cu	zu	chu

• Busca los nombres de las prendas de ropa que contengan algunas de estas sílabas.

2. ¿Quién es?

a) Habla con tu compañero. Tú le dices la ropa que lleva alguien de clase y tu compañero dice quién es.

   ▶ *Lleva unos vaqueros negros y una camiseta roja.*
   ▶ *Hans.*
   ▶ *Sí.*

VOCABULARIO

Colores

- blanco/a
- amarillo/a
- rojo/a
- negro/a
- verde
- naranja
- gris
- marrón
- rosa
- azul

Hacer comparaciones

La falda es **más** barata **que** el traje.
Los pantalones son **tan** caros **como** el vestido.
El jersey es **menos** caro **que** la cazadora.
La corbata es **igual de** cara **que** el pantalón.

b) ¿Qué ropa llevan Juan y Mercedes? ¿Y tú?

Juan lleva ....
Mercedes ....
Yo ....

3. El vestido es más caro que...

a) Mira el siguiente catálogo y lee las frases que hay a continuación.

La camisa es más barata que el jersey.
Los pantalones son menos caros que el vestido.

b) ¿Qué prendas son?

Son más baratos que el jersey: ....
Es más caro que la bufanda: ....

c) Piensa en una prenda del dibujo grande y compárala con otra según su precio. Tu compañero tiene que adivinar cuál es.

d) Vuelve a mirar las prendas del dibujo grande y compáralas utilizando los siguientes adjetivos:

- bonito
- feo
- grande
- pequeño

*El vestido es **más** bonito **que** la falda.*

4. ¡Qué precios!

a) Escucha y repite estos precios.

110€   230€   355€   578€   792€   987€

b) Pon precio a tu ropa. Imagina que es carísima (todo debe costar más de 100 euros). Muévete por la clase y pregunta a tus compañeros por el precio de su ropa y anótalo.

▶ *¿Cuánto cuestan tus pantalones?*
▶ *Quinientos cinco euros.*

Los números

100 cien - ciento
200 doscientos
300 trescientos
400 cuatrociento
500 quinientos
600 seiscientos
700 setecientos
800 ochocientos
900 novecientos

1. ¿Qué te parece este cinturón?

a) Observa la siguiente situación.

¿Qué te parece este cinturón?

Es horrible.

b) ¿Qué te parecen estas prendas de vestir? Mira las fotos y habla con tu compañero.

| barato | estrecho | largo | bonito | feo |

| grande | pequeño | ancho | caro | corto |

c) Completa los siguientes diálogos.

▶ *¿Qué te parece .... falda?*

▶ *........................... muy bonita.*

▶ *¿Qué te .... pantalones?*

▶ *........................... un poco ....*

d) Escucha a unas personas que opinan sobre algunas prendas y completa la tabla.

COMUNICACIÓN

Describir y valorar cosas

Es	bonito/a
	precioso/a
	grande
	caro/a
	largo/a
	ancho/a

	Opinan sobre...	¿Qué opinan?
1	una camisa	
2		es un poco corta
3		

2. ¿Qué cazadora prefieres?, ¿por qué?

a) Lee los siguientes diálogos.

> ► *¿Qué cazadora prefieres?*
>
> ► *Esta porque es de piel y me gustan mucho las cazadoras de piel.*
>
> ► *¿Qué pantalones prefieres?*
>
> ► *Estos porque son anchos y me gustan los pantalones anchos.*

b) ¿Y tú? ¿Qué prendas prefieres? En grupos de tres, levantaos y comentad cuáles de las siguientes prendas preferís. Dad razones.

> *Yo prefiero la camiseta porque es de algodón.*

VOCABULARIO

Materiales

piel/cuero
lana
algodón
lino
seda
lycra

 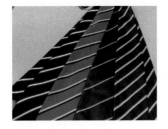  

3. ¿Qué tal le queda?

a) Escucha y lee el siguiente diálogo.

> ► *Buenas tardes. ¿Qué desea?*
>
> ► *Hola, buenas tardes. Quería una falda.*
>
> ► *¿Cómo la quiere?*
>
> ► *Blanca, de algodón o de lino.*
>
> ► *Mire, ¿qué le parecen estas?*
>
> ► *¿Puedo ver esa?*
>
> ► *¿Esta?*
>
> ► *Sí. ¿Me la puedo probar?*
>
> ► *Claro, ¿qué talla tiene?*
>
> ► *La 42.*
>
> ► *Tome. El probador está allí.*
>
> ► *Muy bien.*
>
> ...
>
> ► *¿Qué tal le queda?*
>
> ► *Un poco grande, ¿tiene una talla menos?*
>
> ► *Sí. Tome. La 40.*
>
> ...
>
> ► *Y esta, ¿qué tal le queda?*
>
> ► *Muy bien. ¿Cuánto cuesta?*
>
> ► *36 euros.*
>
> ► *Me la llevo, ¿puedo pagar con tarjeta?*
>
> ► *Sí.*

b) Practícalo con un compañero.

c) Practicad comprando otras prendas.

GRAMÁTICA

Pronombres de complemento directo CD

	Masculino	Femenino
Singular	lo	la
Plural	los	las

GRAMÁTICA

Demostrativos

este	ese	aquel
estos	esos	aquellos
esta	esa	aquella
estas	esas	aquellas

¡Extra!

Escribe un pequeño texto acerca del tipo de ropa que te interesa; de la frecuencia con la que compras; del qué tipo de ropa llevas para ir a clase, a trabajar; de tu color para vestir...

Mercados tradicionales de Latinoamérica

1. a) Observa las fotografías y contesta a las preguntas.

- ¿Te gusta comprar en mercados y mercadillos?
- ¿Te gusta la artesanía o prefieres los objetos de diseño moderno?

b) Haz una lista con las ventajas e inconvenientes de los mercados y coméntala con el resto de la clase.

Ventajas	Inconvenientes

2. ¿Qué sabes de los mercados de Latinoamérica?

En muchos pueblos de Latinoamérica se continúan celebrando los tradicionales mercados uno o dos días a la semana. En ellos, los agricultores, ganaderos y artesanos venden sus productos. La isla de Chiloé (frente a la costa chilena) es el paraíso de artesanías y artesanos porque allí se fabrican de forma manual todos los objetos necesarios para la vida diaria. El mercado más importante de Chiloé es el de Dalcahue, que solo puede ser visitado los domingos por la mañana. Si vas a Guatemala en un viaje organizado, la visita de Chichicastenango será un jueves o un domingo, los días que hay mercado. La tarde del día anterior empiezan a montar los puestos. Pero el mercado llega a su máxima belleza a primera hora de la mañana, cuando los puestos están llenos de flores, frutas... Es el mejor lugar de Guatemala para comprar artesanía, lana, especialmente textil. También son muy conocidos los mercados indígenas de las afueras de Quito (Ecuador), como Laracunga, de productos agrícolas, Pujili, de artesanía (sobre todo cerámica) o Salcedo, de animales y vegetales.

- ¿Conoces algún otro mercado popular?
- ¿Cómo son los mercados en tu país?

¡JUEGA CON EL ESPAÑOL!

R
I
M
A
S

- Escucha cómo suenan estos anuncios.
- En parejas. ¿De qué prendas hablan? Fijaos en la rima y relacionad cada anuncio con uno de los siguientes eslóganes.

**¿De moda? Faldas Raimundo.
Son las mejores del mundo.**

**Chaquetas Lolita.
No hacen bolitas.**

PANTALONES EL MADRILEÑO.
PUEDE COMPRARLOS, NO SON UN SUEÑO.

Compre jerséis Doña Mila.
Son para toda la vida.

- Escuchad de nuevo y comprobad.

1.

a) Escucha la encuesta que le hacen a Ricardo en la calle.

b) ¿Conoces el significado de todas las palabras? Pregunta a tu profesor.

2. Escucha de nuevo y completa la tabla.

ENTREVISTADORA	RICARDO
1. ¿Te gusta ir a la moda?	
2. ¿Prefieres la ropa llamativa o discreta?	
3. ¿Qué prefieres comprarte, una prenda buena o por el mismo precio comprarte tres prendas de calidad inferior?	
4. ¿Prefieres los colores claros , oscuros, vivos...? ¿Cuál es tu color favorito?	
5. ¿Qué materiales te gustan?	
6. ¿Te gusta la ropa ajustada o prefieres la ropa ancha?	

3. Mira el dibujo.

¿Qué tal me queda?

Te queda de película.

De película de terror.

• ¿Crees todo lo que te dice el dependiente cuando vas a una tienda a comprar?

• ¿Pides opinión al dependiente?, ¿por qué?

4. Elige a un compañero de clase para hacerle preguntas sobre tus gustos a la hora de comprar ropa.

5. Antes, piensa en las preguntas que vas a hacerle.

Preguntas	Respuestas
1. ¿Te gusta ir a la moda?	
2.	

6. A partir de la información obtenida, piensa en cómo puede ir vestido a una cena entre amigos.

• Elige y diseña la prenda que crees que podría llevar.

• Explica a la clase por qué os parece adecuada para vuestro compañero.

• Pega el diseño en la pared de la clase.

7. ¿Te gusta la prenda que ha elegido tu compañero para ti?

Ahora ya eres capaz de:

● Describir la ropa que llevan las personas:

1. En parejas. Cierra los ojos, ¿qué ropa lleva tu compañero?

● Comparar prendas:

2. Habla con tu compañero. Comparad las prendas de las diferentes tiendas de la ciudad en la que estáis.

● Pedir y dar la opinión:

3. ¿Qué te parecen estas prendas? Habla con tu compañero. Pide su opinión y dale la tuya sobre cada prenda.

● Pedir y dar la opinión sobre el aspecto que tenemos con una prenda:

4. Pídele a tu compañero su opinión sobre cómo te queda la ropa que llevas y dale tu opinión sobre la suya cuando te pregunte.

● Describir ropa (el color y el material):

5. Describe las siguientes prendas:

VOCABULARIO

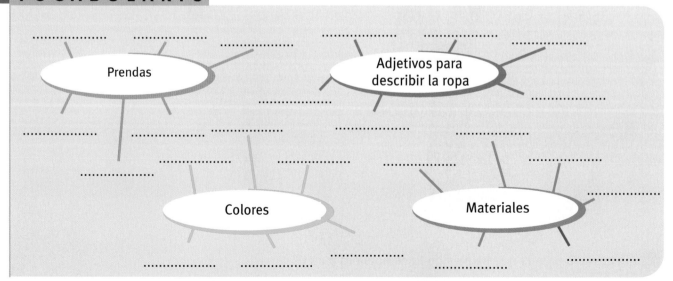

Prendas

Adjetivos para describir la ropa

Colores

Materiales

Experiencias

AL FINAL DE ESTA UNIDAD VAS A:

- Hacer un reportaje sobre un viaje reciente.

PARA ELLO VAMOS A:

- Contar experiencias.
- Hablar de hechos recientes en el pasado.
- Hacer valoraciones.

1. Paisajes.

a) Observa las imágenes de la derecha.

b) Escucha los nombres y repite.

c) Practica con tu compañero. Uno señala un lugar y el otro dice el nombre.

d) Escribe el nombre junto a cada lugar de la imagen.

2. ¿Has estado en los cinco continentes?

a) Esta es la maleta de Julio Prado, ¿a qué crees que se dedica?

b) Lee lo que dice Julio y comprueba tu hipótesis.

He hecho muchas cosas interesantes en mi vida porque soy reportero. He estado en los cinco continentes, he ido a muchos países, he comido cosas exóticas, he estado en desiertos, glaciares, selvas, islas desiertas... He subido montañas, he visto volcanes en erupción, he tomado el sol en playas vírgenes, me he bañado en ríos con pirañas... Y siempre he disfrutado con mi trabajo.

cataratas

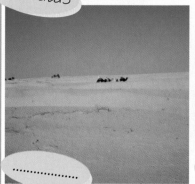

GRAMÁTICA

Pretérito Perfecto

Presente de HABER + PARTICIPIO

(yo)	he
(tú)	has
(él / ella / usted)	ha
(nosotros/as)	hemos
(vosotros/as)	habéis
(ellos / as / ustedes)	han

estado
comido
subido

GRAMÁTICA

Algunos participios irregulares

hacer ▶ hecho
decir ▶ dicho
escribir ▶ escrito
romper ▶ roto

ver ▶ visto
volver ▶ vuelto
poner ▶ puesto
abrir ▶ abierto

COMUNICACIÓN

Hablar de experiencias sin especificar el momento.

He estado en Latinoamerica.
He visitado cinco veces el Museo Guggenheim.

c) Julio ha tenido muchas experiencias a lo largo de su vida, ¿y tú?
Escribe cinco frases sobre ti relacionadas con las experiencias de Julio.

Yo también he hecho muchas cosas interesantes en mi vida.
Yo no he estado en los cinco continentes, pero...

d) Julio nos cuenta más experiencias. Escucha y repite. Usa la 3.ª persona.

3. ¿Alguna vez has subido una montaña?

a) ¿Conoces el significado de estos verbos? Pregunta a tu profesor.

navegar   subir   bajar

acampar   escalar   descender

b) Mira las fotografías y relaciónalas con los verbos anteriores.

① ② ③ ④

c) Haz una encuesta para saber quién es la persona más aventurera de la clase.

	Estudiante 1	Estudiante 2	Estudiante 3
¿Has estado alguna vez en...?			
¿Cuántas veces has subido a...?			

d) ¿Quién es la persona más aventurera?, ¿por qué?

PRONUNCIACIÓN

Escucha y repite:

He estado en los cinco continentes.
He ido a muchos países.
He hecho cosas interesantes.

1. ¿Qué has hecho hoy?

a) Mira la fotografía y lee la frase.

Hoy he estado en las cataratas de Iguazú.

b) ¿Y tú? Escribe cinco frases con las cosas que has hecho hoy e incluye una falsa. Tu compañero tiene que adivinar lo que no es verdad.

c) Piensa en algo que has hecho hoy y que crees que no ha hecho nadie más de la clase. Asegúrate preguntando a tu compañero.

Hoy he comprado un periódico español.

COMUNICACIÓN

Hablar de acciones que se realizan...

- **en cualquier momento de hoy (hace dos horas, hace un rato, esta tarde...)**
  Hoy no he ido a clase de español.
  Hace un rato ha salido de trabajar.
- **esta semana / este fin de semana / este mes / este año...**
  Esta semana he hablado mucho español.
  Este fin de semana he viajado por España.

2. ¿Qué ha hecho Silvia últimamente?

a) Escucha y señala debajo de cada dibujo las cosas que ha hecho Silvia.

☐ .... ☐ .... ☐ .... ☐ ....

b) Vuelve a escuchar y anota en qué momento lo ha hecho.

3. Esta semana he ido al cine.

¿Has hecho alguna de estas cosas hoy, esta semana, este año...? Pregunta a tu compañero.

¿Has ido al cine esta semana?

hacer ejercicio

ir al cine

ir al parque de atracciones

buscar trabajo

4. Ha tenido unas experiencias inolvidables.

a) ¿Qué ha hecho Carlos recientemente? Habla con tu compañero para saber todo lo que ha hecho.

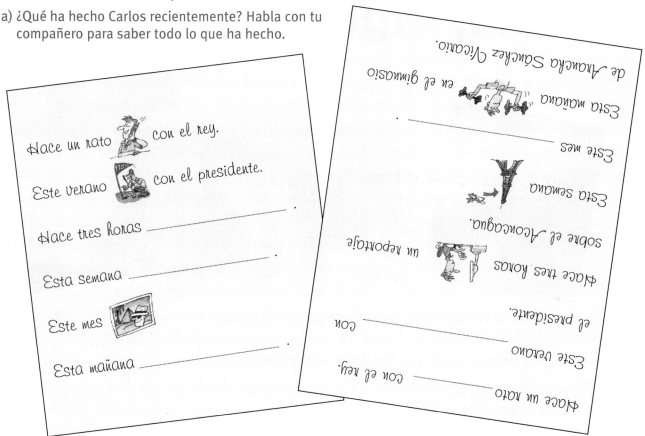

b) Escucha a Carlos hablando de las experiencias anteriores. ¿Qué valoración hace? Anótala.

Experiencias	Valoración
Ha estado en Egipto.	Ha sido fantástico.

V O C A B U L A R I O

Adjetivos para valorar experiencias

Positivo	Negativo
interesante	aburrido
divertido	agotador
fantástico	duro
maravilloso	horrible
inolvidable	

COMUNICACIÓN

Valorar experiencias recientes

Ha sido (muy) duro.
Ha sido un viaje muy interesante.
He tenido unos días horribles.
(No) ha estado muy bien.

c) Escucha y repite.

d) Habla con tu compañero sobre las cosas que has hecho este año y valora tus experiencias.

¡Extra!

Imagina que eres un personaje famoso. Escribe un texto contando tus experiencias. Al día siguiente, tu compañero tiene que adivinar de quién se trata.

Destino, Argentina

1. a) Mira estas fotos, ¿te gustan los paisajes?

b) Las seis fotos son de Argentina. ¿Cuál de las seis zonas te parece más atractiva?, ¿por qué?

c) Lee los seis textos y relaciónalos con las fotos anteriores.

La selva de las Aguas Grandes
Se encuentra en el nordeste del país. Es la zona de los grandes ríos, de la selva de árboles gigantes. En Aguas Grandes está una de las maravillas del mundo: las Cataratas de Iguazú. El Parque Nacional que rodea a las cataratas tiene una exuberante vegetación subtropical con 2.000 especies de plantas, árboles gigantes, helechos, lianas, orquídeas y 400 aves como loros, colibríes y tucanes.

Donde América habla con el cielo
La región noroeste es la zona de altas montañas, aquí está el Aconcagua a 6.959 m de altura sobre el nivel del mar. Es la montaña más alta del continente americano. Está ubicado en la provincia de Mendoza, República Argentina.

LA PATAGONIA ANDINA
Está en la parte oeste del país, en su frontera con Chile. Es una zona atravesada por los Andes. Allí podemos encontrar montañas y también glaciares, bellísimos lagos y bosques milenarios.

2. **¿Has estado alguna vez en Argentina?**

Comenta tu experiencia con tus compañeros.

D E F

Patagonia Atlántica

4 El paisaje es desértico, con poca vegetación y hay muchas playas vírgenes. En sus costas e islas podemos ver elefantes marinos, pingüinos y otras aves. Mar adentro hay ballenas y delfines. Las distancias, como el resto de la Patagonia, son enormes y las poblaciones muy dispersas. Su fauna y la aventura son las características de esta región.

5 **Buenos Aires**

Es la capital Federal de la República Argentina y es la segunda urbe de habla hispana más grande del mundo. Tiene más de 12 millones de habitantes. Está ubicada en el hemisferio sur, a orillas del Río de la Plata, que es el más ancho del mundo. Es una ciudad moderna y activa que también sabe conservar sus viejas tradiciones.

6 **La Pampa**

Está en el centro del país. Extensos campos de cereal crecen bajo un cielo azul sin fin. Es la zona agrícola y ganadera más importante de Argentina. Allí vemos verdes praderas dedicadas a la producción de cereal y a la cría de vacas, principalmente. También podemos encontrar enormes bosques naturales con especies centenarias y hermosos valles con lagunas.

¡JUEGA CON EL ESPAÑOL!

D I C T A D O

Dictado a la carrera

● Aquí tenemos un poema. Antes de leerlo, vamos a escribirlo.

En parejas A/B. Necesitáis una hoja de papel en blanco para copiar el poema. El profesor pone una copia del poema en la pizarra. Desde vuestros sitios no se puede leer.

A se pone de pie y va a la pizarra tantas veces como necesite para leer y dictar la primera parte del poema. *B* escribe.

En la segunda parte del poema, cambian las funciones: *B* se mueve, lee y dicta. *A* escribe.

Cerrad el libro. ¿Qué pareja ha terminado antes y sin errores?

BUSCÁNDOTE

He subido mil montañas
y he bajado a muchos valles.
¿Solo por qué?
Por buscarte.

Me he bañado en cataratas
y también en varios mares.
¿Solo por qué?
Por buscarte.

He visto el sol en las playas
y hasta el hielo en los glaciares.
¿Solo por qué?
Por buscarte.

Y ahora que ya no te busco,
que me siento tan cansado,
te encuentro aquí en mi mundo,
a mi lado.

1. Mira este dibujo.

Tú siempre has dicho que te gustaba el turismo de aventura...

¿Y no te parece una aventura buscar un sitio en esta playa?

- ¿Y a ti? ¿Te gusta el turismo de aventura o prefieres un turismo más convencional?

- ¿Te consideras un turista o un viajero?

2. Escucha lo que nos dice Jaime sobre sus viajes y responde a las preguntas.

- ¿Alguna vez ha viajado solo?

- ¿Ha estado en los cinco continentes?

- ¿Ha tomado alguna bebida o comida extraña?

- ¿Ha tenido algún percance importante?

- ¿Alguna vez ha viajado sin billete de vuelta?

- ¿Ha hecho amigos en los lugares que ha visitado?

3. Rodolfo y Amalia acaban de llegar de viaje y nos cuentan sus experiencias. Lee el reportaje y adivina: ¿dónde han estado? ¿Rodolfo y Amalia te parecen viajeros o turistas? Coméntalo con tu compañero.

Ha sido el mejor viaje de nuestra vida. Hemos estado en playas paradisíacas, desiertos, montañas, pequeños pueblos y en su enorme y moderna capital. Hemos visto selvas, volcanes y lagos... ¡Qué país! Tiene todo tipo de paisajes. ¡Es increíble! En estos quince días hemos viajado por sus carreteras para conocer ciudades y pueblos, hemos paseado por las ruinas mayas de Chichen Itzá, hemos visitado varios museos (nos ha encantado el Museo de Frida Kahlo), hemos visto de cerca su famosa arquitectura colonial, hemos disfrutado con la música de sus mariachis, nos hemos comprado sus famosos sombreros, hemos probado su tequila y sus deliciosos platos (platillos los llaman allí) y lo más importante de todo: hemos hecho muchos amigos. La gente de allí es maravillosa y muy hospitalaria.

4. En grupos de 3 o 4 personas. Vais a elaborar un reportaje sobre un viaje reciente (sin decir el lugar). Imaginad que habéis estado juntos de viaje. Antes de elaborar el reportaje, pensad en el destino y el tipo de viaje que habéis hecho:

- ¿Habéis viajado como turistas o como viajeros?
- ¿Ha sido un viaje original o convencional?
- ¿Qué medios de transporte habéis utilizado?
- ¿Habéis practicado alguna actividad peligrosa?
- ¿Habéis probado alguna comida o bebida extraña para vuestra cultura?
- ¿Habéis sufrido algún percance?
- ¿Habéis hecho amigos?
- ¿Habéis comprado algún recuerdo o algún objeto extraño?

5. Escribid un pequeño reportaje contando vuestras experiencias pero no digáis el lugar donde habéis estado. Pegad alguna foto en vuestro reportaje.

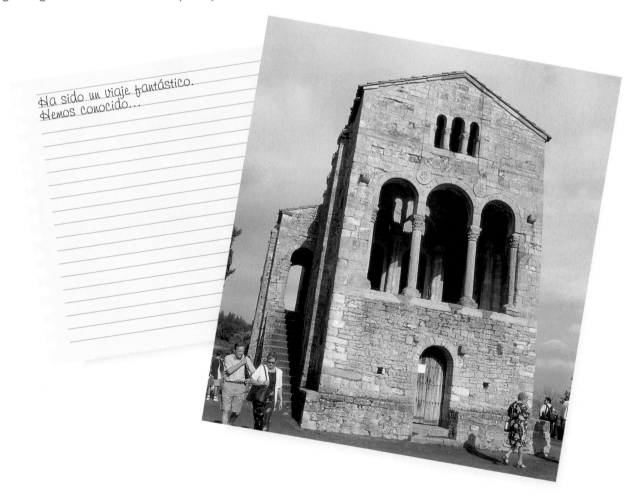

Ha sido un viaje fantástico.
Hemos conocido...

6. Pegad vuestros reportajes por las paredes de la clase para que todos podáis leerlos.

7. ¿Dónde han estado tus compañeros? Gana el compañero que más lugares adivine.

Ahora ya eres capaz de:

- Hablar de las experiencias de una persona sin especificar el momento:

1. Piensa en tres experiencias un poco especiales que has tenido en tu vida (lugares donde has estado, comidas que has probado...). Escríbelas. ¿Ha hecho alguna vez tu compañero alguna de esas cosas? Habla con él.

- Hablar de acciones realizadas hoy, esta semana, este mes, este año...:

2. Piensa en algo muy concreto que hayas hecho:

- hoy
- esta semana
- este mes
- este año

Busca compañeros que hayan hecho las mismas cosas que tú y en el mismo período de tiempo.

- Valorar experiencias:

3. Completa los bocadillos de las viñetas.

VOCABULARIO

....
....

Accidentes geográficos

....
....

....
....
....

Adjetivos para valorar experiencias

....
....

Tiempo de ocio

AL FINAL DE ESTA UNIDAD VAS A:

- Quedar con tus compañeros para hacer algo el fin de semana.

PARA ELLO VAMOS A:

- Hablar de acciones y acontecimientos futuros.
- Expresar intenciones.
- Invitar.
- Aceptar y rechazar una invitación.
- Quedar con alguien.

¿Qué planes tienes?

1. ¿Cuándo te vas de vacaciones?

a) Es junio. Lucía y Alba, dos amigas, acaban de terminar las clases en la universidad y hablan de los planes que tienen para las vacaciones.

Lucía: ¿Cuándo te vas de vacaciones?
Alba: El martes, ¿y tú?
Lucía: Yo el miércoles que viene. ¿Sabes ya dónde vas a ir?
Alba: Creo que sí. Pienso ir a una playa con mucha gente. Pienso tomar el sol, bañarme y salir todas las noches.
Lucía: Pues yo ya tengo el billete. Me voy al Pirineo aragonés con cinco amigos. Vamos a caminar veinte kilómetros al día, a respirar aire puro. Nos vamos a llevar las bicis y vamos a hacer rafting.

b) ¿Ves alguna diferencia entre los planes de Lucía y los de Alba? ¿Qué estructura utiliza cada una? Señálalo en el texto.

2. Para hablar del futuro.

a) Lee estas expresiones. Todas sirven para hablar de acciones futuras.

> en diciembre   estas Navidades   mañana   el mes que viene
> este verano   este fin de semana
> el próximo año   dentro de dos semanas

b) Escucha a unas personas que hablan de planes e intenciones y escribe cuándo van a realizarlos.

1. .... voy a cenar con Luis.
2. .... pienso salir de Madrid.
3. .... no vamos a salir.
4. .... nos vamos quince días al balneario.
5. .... nos vamos a quedar en casa.

3. ¿Jugamos?

En grupos de tres. Tirad el dado y haced una frase con la expresión en la que caigáis sobre los planes o intenciones que tengáis.

DENTRO DE DOS SEMANAS	MAÑANA	EL MES QUE VIENE	EN DICIEMBRE	ESTA NAVIDAD
	ESTE VERANO		EL PRÓXIMO AÑO	

COMUNICACIÓN

Hacer planes

Este verano voy a ir a Perú. Mañana voy a comer con mis amigos.

COMUNICACIÓN

Expresar intenciones

En primavera pienso ir a Costa Rica.
Este año pienso aprender español.

4. Ponerse de acuerdo.

a) Dos amigos intentan hacer algo juntos. Escucha esta conversación. ¿Qué propone cada uno?

Alberto

Luis

COMUNICACIÓN

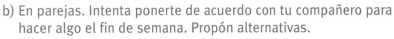

Proponer alternativas

¿Y si vamos a ...?
¿Y si vamos al cine esta tarde?
¿Qué tal si...?
¿Qué tal si comemos juntos mañana?

b) En parejas. Intenta ponerte de acuerdo con tu compañero para hacer algo el fin de semana. Propón alternativas.

▶ *¿Qué hacemos este fin de semana?*

▶ *Podemos ir a Aranjuez.*

▶ *¿Y si...?*

PRONUNCIACIÓN

P

Escucha y repite

enero
febrero
marzo
abril
mayo
junio
julio
agosto
septiembre
octubre
noviembre
diciembre

1. Al teléfono.

Estas son algunas situaciones que suceden al hablar por teléfono. Escucha y señala el número que corresponda.

☐ Comunica   ☐ Contestador automático   ☐ No está

☐ No puede ponerse   ☐ Ahora se pone   ☐ Es él

> **VOCABULARIO**
> **Expresiones para hablar por teléfono**
>
> ¿Sí? / ¿Diga? / ¿Dígame?
> ¿De parte de quién?
> Ahora se pone.
> No está.
> ¿Quieres dejar algún recado?

2. ¿Dígame?

Practica con tu compañero.

A
- ▶ Contesta al teléfono.
- ▶
- ▶ Luis no se puede poner. Está en la ducha.
- ▶
- ▶ Pregunta si quiere dejar algún recado.
- ▶
- ▶ Despídete.

B
- ▶
- ▶ Pregunta por Luis.
- ▶
- ▶ Di que llamas más tarde.
- ▶
- ▶ No quieres dejar ningún recado.
- ▶
- ▶ Despídete.

3. ¿Nos vemos...?

Observa estas situaciones y di si se acepta o se rechaza.

> **COMUNICACIÓN**
> **Invitar**
>
> **Invitar**
> ¿Vienes al cine esta noche?
> Te invito a un helado.
> **Aceptar**
> Vale, ¿a qué hora quedamos?
> Vale, me encantan los helados.
> **Rechazar y justificar**
> Lo siento, esta noche no puedo.
> No gracias, no me gustan los helados.

① ¡Qué calor hace! Te invito a un helado.

No, gracias. Es que no me gustan los helados.

¿Nos vemos este fin de semana?

Sí. Podemos ir al Retiro ahora que hace buen tiempo.

¿Quedamos mañana para ir al concierto de Javier Álvarez?

Lo siento. Es que he quedado con Luis para cenar.

¿Nos vemos esta tarde?

Sí, podemos ir al cine hoy que está lloviendo.

> **VOCABULARIO**
> **Expresiones para hablar del tiempo**
>
> hace sol
> está nublado
> hay tormenta
> está lloviendo
> está nevando

③ JAVIER ÁLVAREZ EN CONCIERTO

④ CINE

4. ¿Vienes al cine esta noche?

a) Lola quiere quedar con Pedro para ir al cine. Lee su conversación telefónica.

b) Relaciona los verbos con sus significados.

Quedarse

Ver a alguien en un lugar a una hora determinada

Quedar

No salir

PRONUNCIACIÓN

[P]

Escucha y repite estas frases

− ¿Y si vamos al cine?

− Podemos ir al teatro.

− ¿Qué tal si quedamos esta noche?

− Lo siento, ya he quedado.

5. Tengo que...

Piensa en las cosas que tienes que hacer el fin de semana. Tu compañero te va a proponer una cita. Recházala y pon una excusa.

▶ *¿Quedamos este sábado?*
▶ *Lo siento, es que tengo que visitar a la familia...*

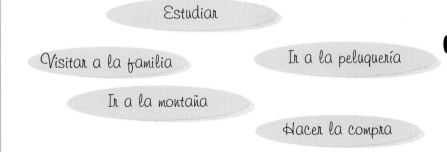

Estudiar

Visitar a la familia

Ir a la peluquería

Ir a la montaña

Hacer la compra

COMUNICACIÓN

Expresar obligación

Tengo que ir al banco.
Tengo que pasear al perro.
Para hablar bien español tengo que practicar.

¡Extra!

Escribe qué planes tienes para las próximas vacaciones y qué te gusta hacer en tu tiempo libre.

_____
_____
_____

Lugares de ocio

1. Estas son algunas propuestas para pasar el tiempo libre. Lee los textos y contesta a las preguntas.

El Teatro Real

La historia del Teatro Real empieza en 1708 y llega hasta nuestros días, cuando en 1997 se abre el Teatro Real como teatro de ópera bajo la presidencia de Sus Majestades los Reyes don Juan Carlos y doña Sofía.
Es el teatro más importante de Madrid y es muy difícil conseguir entradas en la temporada de ópera.

¿Has estado en el teatro últimamente? ¿Qué has visto? ¿Te gusta la ópera? ¿Cuál es el teatro más importante de tu pueblo o ciudad? ¿Cuántos teatros hay? Pregunta a tus compañeros por los teatros de su pueblo o ciudad.

Casas rurales

Para disfrutar de la naturaleza y del deporte, puede alojarse en una cabaña de madera o en un pequeño y familiar hotel de nuestro complejo turístico.

¿Hay propuestas así en tu país? ¿Te gusta este tipo de lugares para descansar? Cuéntaselo a tus compañeros.

El cine

El 28% de los españoles va al cine al menos una vez al mes. Las películas que más gustan son por este orden: de aventuras, comedias, policíacas, históricas, dramas, de terror, documentales, de dibujos animados, de terror, de guerra y, por último, las musicales.

- ¿Con qué frecuencia vas al cine?

- ¿Cuál es la última película que has visto? ¿De qué trata? ¿Quién es el director? ¿Quiénes son los actores principales?

- ¿Qué te gusta más para pasar tu tiempo libre: el cine, el teatro o ir de excursión al campo?

¡JUEGA CON EL ESPAÑOL!

C
A
N
C
I
Ó
N

El cine

- ¿Qué palabras conocéis relacionadas con el cine?

- Escucha y escribe las palabras relacionadas con el cine que aparecen en la canción.

1. ¿Qué te apetece hacer el fin de semana? Señálalo.

◯ Ir al cine

◯ Pasear

◯ Ir a la piscina

◯ Ir a bailar

◯ Irse de marcha

◯ Jugar al tenis

2. Escucha a seis personas hablando de sus planes para el fin de semana y relaciona cada diálogo con su foto correspondiente.

 ◯

 ◯

 ◯

 ◯

 ◯

 ◯

3. Mira el dibujo.

Te invito a cenar esta noche.

Lo siento, he comido algo que me ha sentado mal y estoy en la cama.

• ¿Te ha pasado esto alguna vez? Piensa en tus últimas citas. ¿Dónde has ido?, ¿con quién?

4. a) Formad grupos de tres personas. Cada miembro propone una actividad que le gustaría realizar el fin de semana.

Podemos ir a la montaña.

b) Escuchad las propuestas de vuestros compañeros.

5. Poneos de acuerdo y quedad para hacer algo juntos durante el fin de semana. Decidid la actividad, el lugar, la hora...

Si vamos a la montaña tenemos que salir muy temprano; podemos quedar a las 7:00.

6. Contádselo al resto de la clase y anotadlo en la agenda de actividades del centro donde estudiáis para que otros compañeros puedan ir con vosotros.

¡FIN DE SEMANA EN LA MONTAÑA!

Días: 24 y 25 de octubre
Hora de salida: 7:00 h.
Lugar de encuentro: Arco de Moncloa
Rutas: ....
....

Ahora ya eres capaz de:

● **Hablar de planes e intenciones:**

1. Pregunta a tu compañero sus planes para las próximas vacaciones.

● **Invitar, aceptar, rechazar y justificarte:**

2. Invita a tu compañero a ir contigo a distintos sitios. Tu compañero deberá reaccionar aceptando o rechazando tus propuestas.

● **Quedar con alguien:**

3. Queda con tu compañero para ir a visitar una de las siguientes ciudades.

① ② ③

VOCABULARIO

Lugares de ocio

Expresiones para hablar por teléfono

Expresiones para hablar del tiempo atmosférico

Repaso II

EL JUEGO DE LA COLMENA

¿Jugamos a la colmena?

Vamos a jugar un poco para repasar el vocabulario de las unidades 5 a 8.

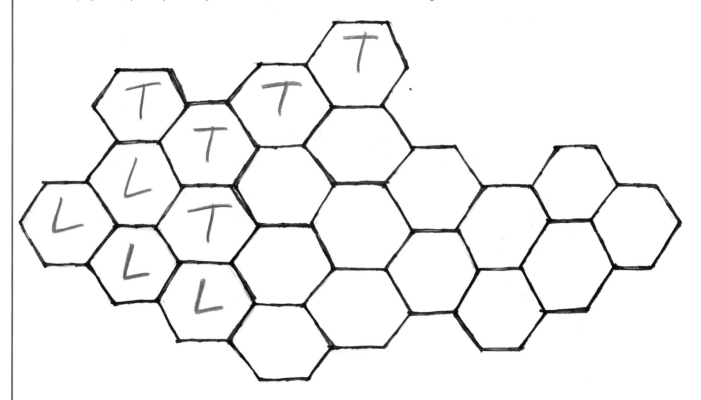

Preparación

- En grupos, confeccionad tarjetas con definiciones y preguntas sobre el vocabulario que ha aparecido en las unidades 5, 6, 7 y 8. Podéis usar el diccionario en la elaboración de las preguntas.

> Un lugar donde no hay árboles. Hay mucha arena.

> Di tres prendas de ropa.

> ¿Dónde guardas la ropa?

- Dibujad una colmena en la pizarra con tantas celdas como tarjetas hayáis elaborado.

¡A jugar!

- Vamos a dividir la clase en dos equipos: Tigres (de color azul) y Leones (de color rojo).

- El profesor irá leyendo las tarjetas una a una, dando tiempo para contestar. El alumno que conozca la respuesta la contestará y, si la respuesta es correcta, el profesor escribirá una T (tigre) o una L (león) dentro de una celda, con el rotulador de su color. Si la respuesta no es correcta, será un miembro del otro equipo el que tendrá la oportunidad de contestar.

- Ganará el equipo que consiga contestar el mayor número de tarjetas.

1. Mira estos dibujos. ¿Qué actividad realiza cada persona? ¿A qué hora? Escríbelo.

....

....

....

....

....

....

2. a) Sois reporteros. Salid a la calle y haced las siguientes preguntas
a cuatro personas (un chico joven, una mujer mayor, una mujer
de mediana edad y un hombre de mediana edad).

¿Qué opina de la moda? ¿Sigue la moda?

....

¿Cada cuánto tiempo se compra ropa nueva?

....

¿Me puede decir el nombre de algún diseñador español?

....

¿Le parece que los españoles visten bien?

....

CHUS DE BUSTOS

¿Cómo es la moda en tu país?
¿Te gusta ir a la moda
o tienes tu propio estilo?

b) Poned en común los resultados de la encuesta con los
demás compañeros.

3. Lee el texto.

LOS ESPAÑOLES Y LAS VACACIONES

La mayoría de los españoles tenemos un mes de vacaciones al año, aunque algunas personas tienen una semana más en Semana Santa y otra en Navidad. Los que tienen más vacaciones son los niños y los adolescentes, que comienzan sus vacaciones de verano a finales de junio y las disfrutan hasta mediados de septiembre. Además, tienen una semana en Semana Santa y dos semanas en Navidad.

Agosto es el mes de vacaciones por excelencia. En este mes se llenan las carreteras y es difícil encontrar un lugar para pasar las vacaciones, si no lo hacemos con tiempo. Este verano, por ejemplo, los destinos más solicitados en las agencias de viaje han sido las playas de la Costa Blanca y la Costa del Sol, junto con Tenerife y Mallorca. Entre los destinos extranjeros destacan Francia, Italia y la República Checa. Más lejos, el entorno del Caribe, EE UU, Túnez, Marruecos, Tailandia y la India.

• ¿Dónde pasan las vacaciones los españoles?

....

• ¿Y tú? ¿Cuántas vacaciones tienes al año? ¿Cuáles son tus destinos favoritos?

....

4. Escucha esta conversación telefónica y contesta a las preguntas.

• ¿Para qué llama Luis a Paco?

....

• ¿Quedan?

....

• ¿Para qué?

....

• ¿A qué hora?

....

• ¿Dónde?

....

¿Cómo son nuestros famosos hispanohablantes?

Qué hacen, qué ropa llevan, sus experiencias, sus planes para el futuro.

En pequeños grupos. Vais a elaborar un reportaje de un personaje famoso del mundo hispano. En él tenéis que ofrecer la siguiente información:

1. Cosas que hace normalmente:
- Acciones habituales.
- Acciones que tienen que ver con su profesión.

2. Su estilo:
- Qué ropa lleva.
- ¿Sigue la moda?
- ¿Qué ropa le gusta en realidad?

3. Experiencias:
- ¿Qué ha hecho últimamente?
- ¿Ha hecho algún viaje recientemente?

4. Sus planes para el futuro:
- ¿Qué proyectos de trabajo tiene en mente?
- ¿Cuáles son sus proyectos personales?

¿Cómo podéis obtener esta información?

- Si estudiáis español en un país de habla hispana, buscad la información en revistas, en los periódicos, en la televisión...

- Si no estudiáis español en un país de habla hispana, vuestro profesor os dará información sobre algunos de estos personajes famosos. También podéis buscar información en Internet (visitando páginas o *chateando* con gente del país elegido) o en otros medios.

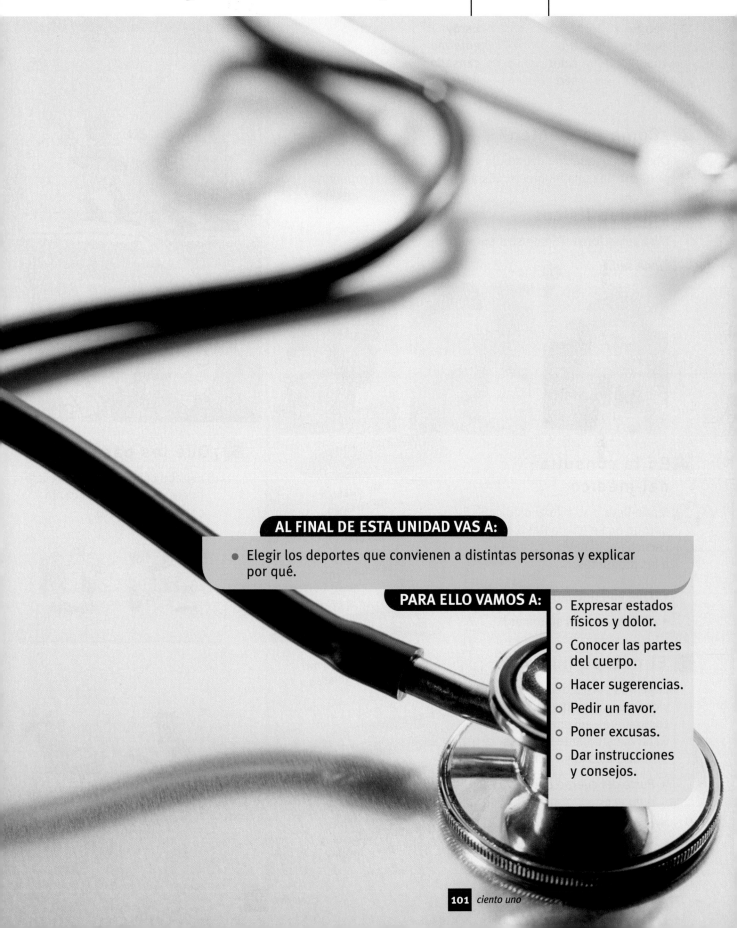

La salud y los consejos

AL FINAL DE ESTA UNIDAD VAS A:

- Elegir los deportes que convienen a distintas personas y explicar por qué.

PARA ELLO VAMOS A:

- Expresar estados físicos y dolor.
- Conocer las partes del cuerpo.
- Hacer sugerencias.
- Pedir un favor.
- Poner excusas.
- Dar instrucciones y consejos.

1. Tiene sed.

Escucha y repite.

Tengo		Estoy
hambre	frío	enfermo
tos	calor	cansado
fiebre	sed	mareado
sueño		

2. ¿Cómo se sienten?

Observa la situación del dibujo grande. ¿Cómo se siente el público? Haz una hipótesis. ¿Está de acuerdo tu compañero?

3. Estados físicos.

Mira estas fotos. ¿Cómo se sienten?

Tiene sed.

 ①
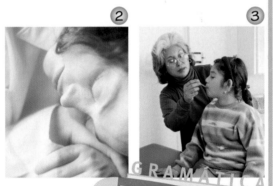 ② ③

4. En la consulta del médico.

María lleva a su hijo al médico porque no se encuentra bien. Escucha el diálogo y contesta a las preguntas.

- ¿Qué enfermedad tiene Juan?

- ¿Cuáles son los síntomas?

5. El cuerpo humano.

Elige dos partes del cuerpo humano y defínelas para que tus compañeros adivinen cuáles son. Gana el estudiante que más partes del cuerpo consiga adivinar.

▶ *Parte del cuerpo que sirve para ver.*

▶ *El ojo.*

▶ *Sí.*

GRAMÁTICA

Doler

Me duele/n
Te duele/n
Le duele/n
Nos duele/n
Os duele/n
Les duele/n

COMUNICACIÓN

Expresar dolor

Me duele la garganta.
Le duelen las muelas.

VOCABULARIO

Partes del cuerpo

la cabeza	el cuello
la nariz	el hombro
la boca	el estómago
la espalda	el pie
la mano	los ojos
la pierna	los dedos

6. ¿Qué les pasa?

a) Escribe cómo están o qué les duele. Luego compruébalo con tu compañero.

....

....

7. ¡Qué cansada estoy!

Relaciona las expresiones de la izquierda con las sugerencias de la derecha.

1. ¡Qué cansada estoy!   A. ¿Por qué no te tomas una aspirina?

2. ¡Qué hambre tengo!   B. ¿Por qué no te vas a la cama?

3. ¡Qué dolor de cabeza tengo!   C. ¿Por qué no comes algo?

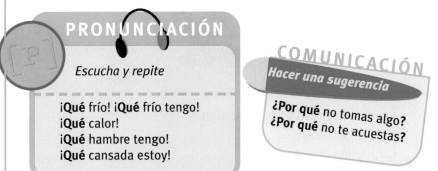

PRONUNCIACIÓN [P]

Escucha y repite

¡**Qué** frío! ¡**Qué** frío tengo!
¡**Qué** calor!
¡**Qué** hambre tengo!
¡**Qué** cansada estoy!

COMUNICACIÓN
Hacer una sugerencia

¿**Por qué** no tomas algo?
¿**Por qué** no te acuestas?

8. ¿Qué le sugieres?

Elige una frase y haz una exclamación. Dísela a un compañero. Él te hará una sugerencia.

▶ *¡Qué sueño tengo!*

▶ *¿Por qué no te vas a dormir?*

Tienes mucho sueño

Estás mareado

Tienes mucha sed

Tienes mucha tos

Te duele mucho la espalda

Te duelen los ojos

Estas muy cansado

....

9. Adivina qué le pasa a tu compañero.

Haz sugerencias a tu compañero hasta que adivines qué le pasa.

▶ *¿Por qué no te vas a dormir?*

▶ *Eso no me sirve.*

▶ *¿Por qué no te tomas una aspirina?*

▶ *Eso no me sirve.*

▶ *¿Por qué no comes algo?*

▶ *Buena idea. Gracias.*

▶ *Tienes hambre.*

▶ *Sí. Tengo mucha hambre.*

....

b) Y tú, ¿cómo te sientes?
   Díselo a tu compañero.

▶ *¿Cómo te sientes?*

▶ *Tengo un poco de hambre. ¿Y tú?...*

1. ¿Puedes...?

a) Lorenzo está enfermo y sus amigos han ido a visitarle. Observa estas situaciones:

¿Puedes bajar al quiosco y comprarme el periódico?

Sí, claro.

¿Puedes ir a recoger un paquete a Correos?

Lo siento, es que ahora tengo una clase.

b) ¿Qué hace Lorenzo?

☐ Pide permiso para hacer algo.
☐ Pide un favor.
☐ Da una orden.

> ### COMUNICACIÓN
> **Pedir un favor**
>
> **¿Puedes + infinitivo?**
> ¿Puedes bajar al quiosco?
> ¿Puedes abrir la ventana?

2. Tiene calor.

a) Escucha a estas personas que piden algunos favores a sus amigos. ¿Qué les pasa?

1. *Tiene calor.*
2. ....
3. ....
4. ....
5. ....

b) Imagina que estás enfermo y un amigo te visita. En dos minutos escribe el mayor número de favores que puedes pedirle.

> ### COMUNICACIÓN
> **Poner excusas**
>
> Lo siento, es que no tengo tiempo.
> Lo siento, es que tengo una cita.

3. Lo siento, es que...

En dos grupos A y B. El grupo A pide favores y el grupo B inventa una excusa.

▶ *¿Puedes venir conmigo al supermercado?*
▶ *Lo siento, es que hoy tengo mucha prisa.*

4. Instrucciones para subir una escalera.

a) Escucha las instrucciones.

b) ¿Conoces todos los verbos? Pregunta a tu profesor el significado de los que no conozcas.

c) Escucha de nuevo y completa el cuadro.

	Levantar	Doblar	Bajar	Volver	Repetir
(tú)	....	....	....	....	....
(usted)	*levante*	*doble*	*baje*	*vuelva*	*repita*

> ### GRAMÁTICA
> **Imperativo afirmativo**
>
> | | Hablar | Comer | Escribir |
> |----------|--------|-------|----------|
> | (tú) | habla | come | escribe |
> | (usted) | hable | coma | escriba |

d) Busca en el diccionario las palabras que necesites y da instrucciones a tus compañeros para hacer ejercicios de relajación.

5. Consejos para llevar una vida sana.

a) ¿Qué consejos te parecen adecuados para aliviar el estrés y llevar una vida sana?

| Hacer deporte | Dormir poco | Ser positivo | Tomarse las cosas con calma | Beber mucha agua |

b) Dale a Lorenzo algunos consejos sobre cómo llevar una vida más sana.

▶ *Haz deporte.*
▶ *Bebe mucha agua durante el día.*

GRAMÁTICA

Imperativos irregulares

	Poner	Hacer	Ser
(tú)	pon	haz	sé
(usted)	ponga	haga	sea

6. Un consejo, por favor.

¿Qué consejos les das a estas personas?

Mis vecinos hacen mucho ruido.

Mi compañero de trabajo no me habla.

No oigo el despertador por las mañanas.

Necesito practicar el español.

▶ *Habla con ellos.*
▶ *Ten paciencia.*

7. ¿Me das o me dejas?

a) Observa estas situaciones. ¿Qué diferencia hay entre el verbo *dar* y el verbo *dejar*?

¿Me dejas un jersey?

¿Me das una aspirina?

b) ¿Qué dices para pedir estas cosas?

 1

 2

 3

 4

COMUNICACIÓN

Pedir cosas

Pedir algo
¿Me das un vaso de agua?
Pedir prestado
¿Me dejas tu coche esta tarde?

¡Extra! ▶

Escribe algunas sugerencias para llevar una vida sana.

_____
_____
_____
_____

La medicina natural en Latinoamérica

1. a) Lee el siguiente texto. Si no entiendes todas las palabras pregunta a tu profesor.

Los pueblos indígenas

La mayoría de los pueblos indígenas americanos creen en el poder curativo de la madre tierra, que todo lo que está sobre la tierra tiene un espíritu, y que la tierra en sí es un organismo vivo, que respira, que tiene capacidad para sentir. En este tipo de medicina, se cree que la enfermedad aparece cuando se produce un desequilibrio entre la persona y su medio natural. Por otra parte, la persona está sana cuando este equilibrio se mantiene o se recupera; hay una relación respetuosa con su medio natural, la madre tierra. La mayoría de los remedios de los indígenas emplean la música, la danza y las oraciones para integrar a la persona con la madre naturaleza.

Frutas y plantas curativas

En casi todos los países de Latinoamérica se usan frutas y plantas medicinales como remedio natural para muchas enfermedades: el ananá o piña se usa para beneficiar la formación de los huesos, los dientes o los músculos. Consumir duraznos o melocotones ayuda a templar el sistema nervioso. El mango alivia dolores de encías, depura la sangre y combate los catarros. El maíz es bueno para los huesos, los cabellos o la piel.

b) Contesta a las preguntas:

- ¿Crees que la música es un buen remedio para curar enfermedades de tipo nervioso?
- ¿Conoces algún remedio natural para curar enfermedades?

2. Medicina alternativa.

¿Conoces algún otro tipo de medicina alternativa? Lee los siguientes textos.

Reflexología: el secreto está en los pies
También conocida como reflexoterapia, la reflexología cree que existen unos canales naturales en el cuerpo humano que van desde los pies a la cabeza, y sirven para comunicar diferentes zonas del organismo.

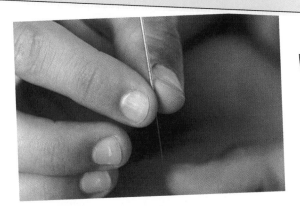

La acupuntura
La acupuntura es una terapia que consiste en insertar agujas muy finas en el músculo. Cura enfermedades internas y dolores del sistema locomotor.

La aromaterapia
Los perfumes y las hierbas curan enfermedades. Las hierbas tratan muchas enfermedades internas, por ejemplo, son muy eficaces en molestias reumáticas, trastornos típicos de la mujer, problemas de la piel, problemas gastrointestinales, insomnio...

• ¿Has probado alguna de estas medicinas alternativas? Cuéntaselo al resto de la clase.

¡JUEGA CON EL ESPAÑOL!

Adivina, adivinanza. Partes del cuerpo

A D I V I N A N Z A S

● ¿Sabes lo que es una adivinanza? Pregunta a tu compañero o a tu profesor.
● En parejas. Elegid una de las adivinanzas. Cuando sepáis la solución, dad pistas a vuestros compañeros para que adivinen de qué se trata. Gana la pareja que más adivinanzas acierte.

Dos niños asomados
cada uno a su ventana;
lo ven y lo cuentan todo,
sin decir una palabra.

Dos hermanos sonrosados,
juntos en silencio están,
pero siempre necesitan
separarse para hablar.

Cinco hermanos muy unidos
que no se pueden mirar,
cuando riñen, aunque quieras,
no los puedes separar.

● Pista 1: es una parte del cuerpo.
● Pista 2: está en la cara.
● Pista 3: sirven para ver.

En la jirafa descuella,
bajo la barba del rey,
lo tiene cualquier botella,
la camisa o el jersey.

Órdenes da, órdenes recibe,
algunas autoriza, otras prohíbe.

Formamos, como soldados, en una fila
y somos carniceros toda la vida.

1. Piensa en estos deportes, ¿qué partes del cuerpo se trabajan al practicarlos?

Natación
Partes del cuerpo: todo el cuerpo, sobre todo brazos, piernas y espalda.

Tenis
Partes del cuerpo: ....
....
....

Correr
Partes del cuerpo: ....
....
....

Fútbol
Partes del cuerpo: ....
....
....

Pasear
Partes del cuerpo: ....
....
....

Atletismo
Partes del cuerpo: ....
....
....

2. Escucha esta entrevista con Lorenzo Pelota, experto en medicina deportiva, y contesta a las preguntas.

• ¿Se puede hacer deporte a cualquier edad?

• ¿Qué deporte aconseja Lorenzo Pelota para una mujer de 67 años?

• ¿Con qué frecuencia se debe practicar deporte?

3. Lee este anuncio. ¿Qué establecimiento están anunciando?

Estamos contigo

Hoy en día pasamos mucho tiempo sentados, en el trabajo, en el coche, en casa viendo la televisión...
El estrés y la falta de ejercicio hacen que nos sintamos cada vez más cansados y con menos energía.
Debemos tener cuidado al elegir el deporte que nos conviene, por nuestra edad o estado físico.
Le ofrecemos un deporte o actividad física que se adapta a sus necesidades.

La Agujeta. ABIERTO LAS 24 HORAS DEL DÍA.

4. Mira el dibujo.

Quizá debería cambiar de deporte. Llevamos jugando dos años todos los sábados...

Hoy seguro que le gano.

• ¿Crees que hay que ser constante en el deporte?

• ¿Tú eres constante cuando haces deporte?

5. En grupos de tres. Haced una lista con los deportes que conozcáis y escribid para qué son buenos.

> *Montar en bicicleta es bueno*
> *para las piernas y*

6. a) Pensad en algunas personas que conozcáis y que creáis que necesitan hacer deporte o también podéis elegir alguna de estas fotos para elaborar un pequeño texto en donde aparezca la edad, el peso, la profesión y las aficiones de esas personas.

Juan tiene 50 años y pesa 74 kilos. Es administrativo y sus aficiones son leer y la jardinería.

b) Intercambiad los textos con vuestros compañeros y escribid algún consejo o alguna sugerencia para las personas que te han correspondido.

7. Haced una puesta en común para decidir cuál es la mejor sugerencia o consejo.

Juan: Natación

La natación es un deporte muy completo y se puede empezar a practicarlo de mayor.

Ahora ya eres capaz de:

● **Decir cómo se siente una persona:**

1. Di cómo se sienten estas personas. Tu compañero señalará la foto que corresponda.

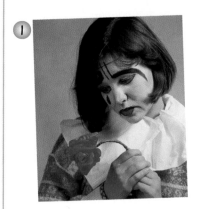

● **Dar consejos:**

2. Estas personas tienen problemas. Dales algún consejo.

| No puedo dormir. | Estoy engordando. | Quiero dejar de fumar. |

● **Pedir favores:**

3. Imagina que necesitas estas cosas pero estás enfermo y no te puedes levantar. Pídele favores a tu compañero. Él deberá reaccionar aceptando o poniendo una excusa.

- Necesitas un poco de sal.
- Necesitas algunas cosas de la farmacia.
- Tienes que devolver unos libros a la biblioteca.
- Tienes que llevar a tu gato al veterinario.

VOCABULARIO

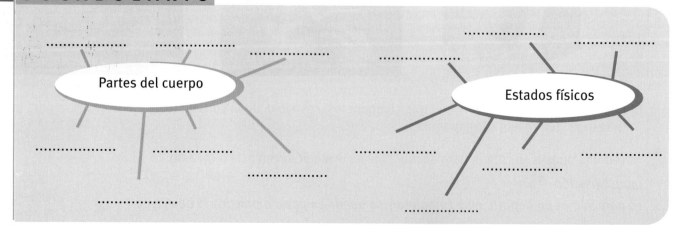

Partes del cuerpo

Estados físicos

Biografías

AL FINAL DE ESTA UNIDAD VAS A:

- Escribir una biografía.

PARA ELLO VAMOS A:

o Hablar de un momento o fecha determinada en el pasado.

o Narrar hechos y acontecimientos históricos.

o Hablar de la vida de una persona.

1. La vida de Eva.

Observa la autobiografía de Eva y ordena los hechos cronológicamente.

- ☐ A los cuatro años empecé el colegio.
- ☐ En 1995 me casé.
- ☐ Nací en 1965.
- ☐ A los 32 años tuve mi primer hijo.
- ☐ En 1988 viví en Guatemala.
- ☐ En el 2000 me divorcié.
- ☐ A los 28 años viajé a Sudáfrica.
- ☐ En 1983 entré en la universidad.

A los cuatro años.

1995

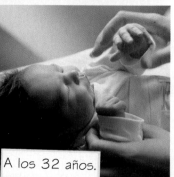
A los 32 años.

PALACIO DE JUSTICIA AÑO 1924.

JUZGADO
2000

1988

GRAMÁTICA
Pretérito indefinido Regulares

viajar	**conocer / vivir**
-é	-í
-aste	-iste
-ó	-ió
-amos	-imos
-asteis	-isteis
-aron	-ieron

GRAMÁTICA
Irregulares

poder	pud-	
saber	sup-	-e
haber	hub-	-iste
tener	tuv-	-o
estar	estuv- +	-imos
querer	quis-	-isteis
venir	vin-	-ieron
hacer	hic- / hiz-	

2. Algunos hechos de tu vida.

Haz una frase con cada uno de estos verbos y una expresión de tiempo (fecha). Después busca a un compañero que comparta contigo dos hechos.

Estudié cuatro años en la universidad, de 1983 a 1987. ¿Y tú?

- nacer
- vivir
- casarse
- conocer
- estudiar
- viajar
- tener
- trabajar

PRONUNCIACIÓN
[P]

Escucha y repite

na**cí**	**tu**ve
cono**cí**	es**tu**ve
estu**dié**	**pu**de
via**jé**	**su**pe
traba**jé**	**qui**se
me ca**sé**	**vi**ne

COMUNICACIÓN
Hablar de un momento determinado en el pasado

En 1990 empecé a trabajar.
Hace 15 días estuve en Bolivia.

b) Escucha y completa.

1. .... vi a Pedro.
2. Estuve en Londres ....
3. .... fui al cine.
4. .... terminé la carrera.
5. Mi abuela murió ....

3. Hace 15 años.

Todas las expresiones siguientes sirven para hablar del pasado. Ordénalas desde la más lejana en el tiempo hasta la más cercana.

En 1980 ....

ayer	el otro día	hace 15 días
el mes pasado	en Navidad	hace dos meses
En 1980	la semana pasada	el año pasado

A los 28 años.

1983

1965

4. Nació en...

Mira las fotografías de la vida de Eva y escribe su biografía.

Eva nació en...

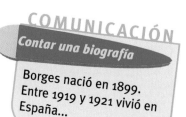

COMUNICACIÓN

Contar una biografía

Borges nació en 1899. Entre 1919 y 1921 vivió en España...

5. La vida de tu compañero.

Ahora haz preguntas a tu compañero y escribe su biografía. Luego cuéntasela al resto de la clase sin decir el nombre. ¿Saben de qué persona se trata? Gana el estudiante que adivine a quién corresponden todas las biografías.

¿Cuándo naciste?

¿Dónde estudiaste?

6. Biografía de la democracia española.

Pregunta los datos que te faltan a tu compañero, para completar estos años en la historia de España.

► *¿Qué pasó en noviembre de 1975?*
► *Murió Franco.*

► *¿Cuándo se aprobó una reforma política en referéndum?*
► *...*

B

- En noviembre de 1975 murió Franco.
- En diciembre de 1975 ....
- En diciembre de 1976 se aprobó una reforma política en referéndum.
- .... se celebraron las primeras elecciones democráticas. Fue elegido presidente Adolfo Suárez.
- En febrero de 1981 ....
- En enero de 1986 ....
- En mayo de 1986 España entró en la OTAN.

A

- En noviembre de 1975 comenzó el reinado de Juan Carlos I.
- En diciembre de 1975 .... se aprobó una reforma política en referéndum.
- En junio de 1977 se celebraron las primeras elecciones democráticas. Fue presidente Adolfo Suárez.
- En febrero de 1981 hubo un intento de golpe de Estado.
- En enero de 1986 España entró en la UE.
- España entró en la OTAN.

7. Biografía de tu país.

Escribe fechas importantes en la historia de tu país y cuenta qué ocurrió al resto de tus compañeros.

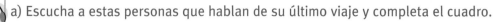
1. Mi último viaje.

a) Escucha a estas personas que hablan de su último viaje y completa el cuadro.

¿Dónde?	
¿Cuándo?	
¿Con quién?	
¿Cuántos días?	
¿Y qué tal?	

b) Ahora piensa en tu último viaje y contesta a las preguntas de tu compañero. Si no has hecho un viaje últimamente o no quieres hablar de él, invéntate uno. Tus compañeros deberán adivinar dónde viajaste.

▶ *¿Cuándo viajaste por última vez?*
▶ *Hace dos semanas.*

¿Cuántos días?

¿Cuándo?

¿Qué viste?

¿Con quién?

¿Qué tal?
----

2. ¿Cuándo fue la última vez que...?

En grupos de cuatro. Por turnos, coged una tarjeta y preguntad a un compañero del grupo cuándo fue la última vez que realizó esa acción.

▶ *¿Cuándo fue la última vez que montaste en el AVE?*
▶ *La semana pasada.*

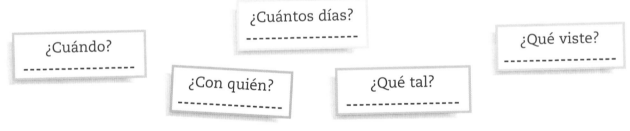

Dejar de fumar

Montar en el AVE

Usar Internet

Empezar un libro

Montar en patinete

Usar el teléfono móvil

Quedarte sin gasolina

Llegar tarde a una cita

Tu último viaje

3. Cosas que cambiaron nuestra vida.

a) ¿Cuáles de estos inventos crees que más han cambiado la vida?

1977: primer ordenador personal

1981: disco compacto o CD

1982: mando a distancia

1983: cocina vitrocerámica

1988: teléfono inalámbrico

1991: Internet

1992: tren AVE

1995: teléfono móvil

2000: patinete de aluminio

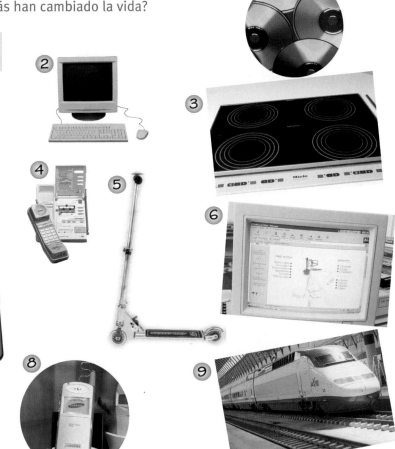

b) Y tú, ¿recuerdas alguna cosa que cambió tu vida? ¿Cuándo empezaste a utilizarla?

4. Inventos e inventores.

a) Mira los dibujos y relaciónalos con los inventores.

1. Los hermanos Lumière

2. Isaac Peral

3. Graham Bell

4. Guttenberg

5. Pasteur

6. Galileo

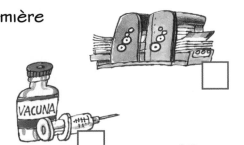

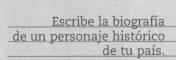

¡Extra!

Escribe la biografía
de un personaje histórico
de tu país.

b) En parejas, escribid la biografía de uno de ellos. Después contádsela al resto de los compañeros.

Personajes célebres

1. a) Lee las siguientes biografías.

A

Nace en Buenos Aires en 1899. A los 15 años se traslada a Ginebra con su familia, allí aprende francés mientras estudia el bachillerato. Entre 1919 y 1921 vive en España. Pronto comienza a publicar poemas y manifiestos en la prensa literaria de España. En 1921 regresa a Buenos Aires. En los treinta años siguientes se convierte en uno de los más brillantes y más polémicos escritores de América. Recibe muchos premios y títulos: el título de Commendatore por el gobierno italiano, el de Comandante de la Orden de las Letras y Artes por el gobierno francés, la insignia de Caballero de la Orden del Imperio Británico y el Premio Cervantes. Entre sus obras destacan: "Ficciones", "El Aleph", etc. Muere en Ginebra en 1986.

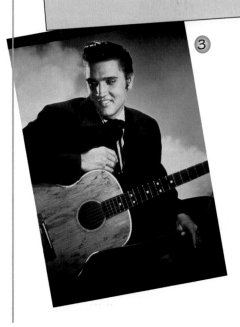

⑤

B

Nace en México en 1907. Su vida está marcada por el sufrimiento físico. A los seis años enferma de polio. Empieza a estudiar medicina, pero deja sus estudios a los 18 años por un accidente al ir en autobús.
Dos años después, consigue llevar una vida normal y frecuenta un círculo de intelectuales. Es allí donde conoce a Diego Rivera, con quien se casa. En 1939 expone en París. Es una pintora admirada por Picasso y Breton y se la considera surrealista.
Pero el sufrimiento físico no cesa. Pinta la mayor parte de su obra tumbada en una cama.
De 1944 a 1953 su vida es una tortura y soporta 32 operaciones.
En 1953 le cortan una pierna hasta la rodilla. Muere en México un año más tarde, a la edad de 47 años.

⑥

b) Ahora mira las fotos y di cuáles corresponden a las biografías.

c) Las dos biografías están en presente. Cada grupo (A y B), transforma y cuenta en pasado una parte de la biografía de su personaje para que el otro grupo adivine quién es.

2. ¿Qué sabes de ellos?

¿Conoces la biografía de otro personaje de las fotos? Cuéntasela a tus compañeros. ¿Saben de quién se trata?

¡JUEGA CON EL ESPAÑOL!

C
A
N
C
I
Ó
N

Nací en el 53.

● Lee los siguientes verbos y pregunta a tu profesor el significado de los que no entiendas.

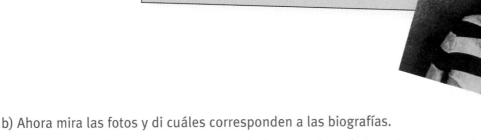

nacer · tener · subir · soñar · crecer

abrasarse · aprender · saltar · saber · poder

● Escucha esta canción y escribe en pasado los verbos que se utilizan en esta biografía.

1. Lee los siguientes textos.

¿Sabías que...?

A Frida Kahlo se casó dos veces con el pintor Diego Rivera.

B La actriz Sonia Braga fue cantante de ópera.

C Pedro Almodóvar trabajó en Telefónica antes de ser director de cine.

D En 1937 Slvan N. Goldman inventó el carrito de la compra, para poder aumentar la cantidad de artículos que compraban sus clientes.

E La reina Isabel II de Inglaterra vivió 5 años en la India en su juventud.

F Julio Iglesias antes de ser cantante fue cocinero.

G John Lennon se casó en España.

H Cary Grant se casó seis veces.

I A Alfonso de Borbón y Borbón, tataranieto de Carlos III, le bautizaron con un total de 94 nombres de pila, algunos de ellos compuestos.

J Amenábar, director de cine español, participó como actor en sus tres primeras películas.

K Miguel Induráin ganó 5 Tours de Francia consecutivos.

L Isabel Allende publicó su primer libro a los 17 años.

M El atleta etíope Abebe Bikila ganó su primer maratón en los Juegos Olímpicos de Roma en 1960 corriendo 42 kilómetros y 195 metros descalzo.

N Borges tenía solo seis años cuando le dijo a su padre que quería ser escritor.

2. Algunos de los textos anteriores no forman parte de la biografía real del personaje, ¿sabrías decir cuáles?

A ☐   B ☐   C ☐   D ☐   E ☐   F ☐   G ☐

H ☐   I ☐   J ☐   K ☐   L ☐   M ☐   N ☐

3. a) Observa estas viñetas. ¿Qué puedes decir de este inventor? Coméntalo con tu compañero.

b) Escucha y comprueba.

4. Piensa en un personaje muy famoso y escribe su biografía con dos datos falsos.

A los cinco años escribió su primer poema...
....
....
....
....

5. Lee la biografía a tus compañeros.

6. Tus compañeros te harán preguntas para adivinar cuáles son las mentiras. Si tus compañeros no adivinan los datos falsos, díselas tú.

Ahora ya eres capaz de:

● Decir lo que hiciste en un momento del pasado:

1. Haz preguntas a tus compañeros para saber lo que hicieron:

♦ en Navidad

♦ el año pasado

♦ hace quince días

♦ ayer

● Contar una biografía:

2. Mira las siguientes fotografías, elige a un personaje e inventa su biografía.

● Hablar de algunas fechas importantes.

3. Escribe tres fechas importantes de tu país para que tu compañero escriba qué pasó.

VOCABULARIO

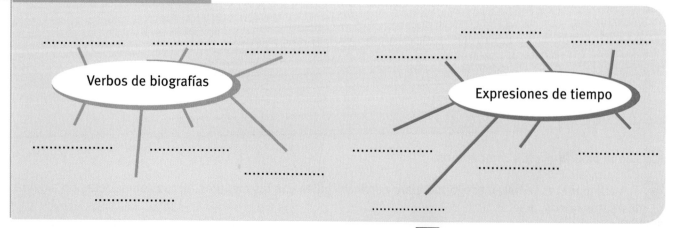

Verbos de biografías

Expresiones de tiempo

La niñez

AL FINAL DE ESTA UNIDAD VAS A:

● Debatir el antes y el ahora de las fiestas tradicionales.

PARA ELLO VAMOS A:

o Hablar de hábitos pasados.

o Describir hechos pasados.

o Expresar sentimientos.

o Reaccionar ante un regalo.

1. Recuerdos de cumpleaños.

a) Mira el dibujo en el que Marcela recuerda los cumpleaños de su infancia.

b) Lee las cosas que habitualmente hacían Marcela, su familia y sus amigos ese día.

- Iba a casa de sus abuelos
- Hacía una tarta
- Invitaba a todos sus amigos.
- Le traían regalos
- Pedía un deseo
- Le daban dinero
- La llevaba a la iglesia
- Le tiraban de las orejas
- Adornaban la casa
- Hacía una fiesta en casa
- Soplaba las velas
- La felicitaba todo el mundo
- Llevaba golosinas o pasteles

c) ¿Quién crees que hacía cada una de estas cosas? Coméntalo con tu compañero y escribe 7 de estas cosas y quién las hacía (en vuestra opinión).

Cosas que hacían	Quién las hacía

GRAMÁTICA
Pretérito imperfecto Regulares

Hablar
hablaba
hablabas
hablaba
hablábamos
hablabais
hablaban

Comer
comía
comías
comía
comíamos
comíais
comían

Salir
salía
salías
salía
salíamos
salíais
salían

GRAMÁTICA
Pretérito imperfecto irregulares

IR: iba, ibas, iba...
SER: era, eras, era...
VER: veía, veías, veía...

d) Escucha y comprueba.

2. Los cumpleaños de tu infancia.

¿Y tú?, ¿qué hacías para celebrar tu cumpleaños cuando eras pequeño?

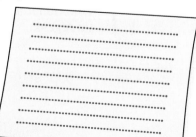

COMUNICACIÓN
Hablar de acciones habituales en el pasado

Siempre **hacíamos** una gran fiesta de cumpleaños.
Mi padre siempre **hacía** una tarta grande.

PRONUNCIACIÓN

Escucha y repite las siguientes frases

Cuando era pequeño, jugaba al fútbol.
Cuando era niña, iba mucho al cine.

- ¿Qué tipo de entonación tienen?

3. Una foto de cumpleaños.

a) Observa. Es una foto antigua de un cumpleaños de Marcela.

b) Escucha a Marcela e identifica a cada una de las personas de la foto.

1. ....   2. ....

3. ....   4. ....

5. ....   6. ....

c) ¿Qué le pasaba a cada uno? Comprueba con tu compañero.

> **COMUNICACIÓN**
>
> *Para hacer descripciones en el pasado*
>
> Luis no **estaba** muy gordo pero siempre **tenía** hambre.
> Eva **estaba** cansada.

4. ¿Cómo eras de pequeño?

a) Relaciona cada adjetivo con un niño de la imagen.

1. travieso	2. tímido	3. miedoso	4. cursi
5. estudioso	6. hablador	7. caprichoso	8. alegre

b) **Escucha a cuatro personas que nos hablan de su infancia. ¿Cómo eran? ¿Qué les gustaba?**

c) ¿Y tú?, ¿cómo eras de pequeño?, ¿qué te gustaba hacer? Habla con dos compañeros.

d) ¿Y ahora?, ¿han cambiado mucho tus gustos y costumbres?, ¿conservas alguno de la niñez?

Ahora soy más habladora que antes...

1. Los Reyes Magos.

La noche de Reyes es una noche muy importante para los niños en España. Se celebra después de la Navidad, la noche del 5 de enero, y en ella los tres Reyes Magos traen regalos a los niños. En los siguientes textos, Miguel recuerda lo que hacían en su casa para celebrarla cuando él era niño.

a) En parejas. Cada uno lee uno de los textos siguientes (preguntad al profesor o consultad en un diccionario todo lo necesario para comprenderlo). No miréis el texto de vuestro compañero.

A

En mi casa, la noche de Reyes era muy importante. Éramos tres hermanos de edades muy parecidas y era una fiesta muy alegre. Escribíamos la carta a los Reyes Magos un mes antes. Después íbamos con mi abuela a echar las cartas a un buzón que ella decía que era mágico. Yo solía pedir algún juguete con ruedas y pinturas de muchos colores, mi hermano, normalmente, pedía aviones y mi hermana muñecas. En mi casa, como en todas, poníamos el belén. Al principio de la Navidad, las figuras de los Reyes estaban muy lejos del niño Jesús pero cada día los acercábamos un poco, hasta que el día 5 estaban al lado.

B

La noche de Reyes teníamos que acostarnos pronto, a las diez como máximo.

Antes de acostarnos, limpiábamos los zapatos y los poníamos debajo del árbol. En la mesa, dejábamos un plato con turrón para los Reyes Magos y otro plato con paja para los camellos. Mi rey favorito era Melchor, el de mi hermano, Gaspar y el de mi hermana, Baltasar. Era muy difícil dormirse por los nervios, pero al final lo conseguíamos. Entonces, nuestros padres ponían los regalos debajo del árbol, se comían el turrón y tiraban la paja a la basura. Al día siguiente, nos levantábamos muy pronto, mirábamos debajo del árbol y cuando veíamos los regalos, íbamos a buscar a nuestros padres a su habitación, después a la abuela y todos juntos abríamos los regalos.

b) Cada uno memoriza lo máximo posible de su texto durante dos o tres minutos.

c) *A* le cuenta a *B* todo lo que recuerda de su texto. *B* le cuenta a *A* el suyo.

d) Vuestro profesor os hace algunas preguntas sobre ambos textos. ¿Qué pareja recuerda más cosas?

2. ¡Qué bien!

a) Observa los dibujos.

b) En los dibujos hay expresiones de alegría, de decepción y de alivio.
¿Cuáles son?

Alegría ....

Alivio ....

Tristeza, decepción ....

c) Escucha y di qué expresión utilizarías en cada caso.

COMUNICACIÓN

Expresar sentimientos

¡Qué bien!
¡Qué pena!
¡Uf! ¡Menos mal!

3. ¡Feliz cumpleaños!

a) Observa la imagen. Escucha y lee el diálogo.

▶ *¡Hola, Roberto! ¡Felicidades!*

▶ *Gracias.*

▶ *Toma, esto es para ti. A ver si te gusta.*

▶ *¿Qué es? A ver... ¡Qué bien! El último disco de Café de Mar.*

▶ *¿Te gusta?*

▶ *Sí, tenía muchas ganas de comprármelo. Gracias.*

▶ *De nada. Feliz cumpleaños.*

b) Practica el diálogo con tu compañero.

COMUNICACIÓN

Reaccionar ante un regalo

A ver... ¿qué es? ¡Un jersey!
¡Qué bonito! Gracias.
Me encanta. Gracias. Es
precioso.
¡Qué bien! Me hacía falta
uno. Gracias.
¡Qué bien! Tenía ganas de
tener un jersey azul.
Gracias.

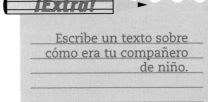

¡Extra!

Escribe un texto sobre
cómo era tu compañero
de niño.

Fiestas tradicionales

1. a) Lee estos dos textos sobre la fiesta de El Rocío (España) y la de La Cometa (Guatemala).

FIESTA DE EL ROCÍO

Se celebra en la aldea de El Rocío, en Huelva, España, la noche del domingo al lunes de Pentecostés. Todos los años muchísima gente llega desde numerosos puntos de la geografía española y del extranjero a la pequeña aldea de El Rocío, donde dicen que se apareció la Virgen. La gente llega durante toda la semana en carretas cubiertas de flores y también andando. Se hace noche por el camino. Los fieles se acercan a El Rocío entre canciones, palmas y vivas a la Virgen. Van para dar las gracias o pedir algo a la Virgen del Rocío.

FIESTA DE LA COMETA

El día 2 de noviembre, Día de los Muertos, se celebra en los poblados de Santiago Sacatepéquez y Sumpango un festival de cometas ("barriletes" se llaman allí) gigantes único en su género. De acuerdo a la tradición, las cometas se hacen volar para ayudar a levantar las almas de los muertos hacia el cielo y alejar a los espíritus malignos. La confección de las cometas se inicia con muchas semanas de antelación y en ella participa toda la familia. Tanto en Santiago como en Sumpango, los participantes en el festival compiten por el mejor diseño.

b) ¿En cuál de las dos fiestas, la del Rocío y la de las Cometas, pasan las siguientes cosas?
- se canta
- se prepara algo con la familia
- se recuerda a los familiares que ya no están con nosotros
- se pide algo a la Virgen
- se intenta alejar a los malos espíritus
- se recorre una distancia
- los preparativos empiezan muchas semanas antes
- se usan carretas cubiertas de flores

c) Habla con tu compañero. ¿Cuál de estas fiestas te parece más atractiva?

2. ¿Qué sabes de la Semana Santa?

a) Lee estos textos.

SEMANA SANTA EN ESPAÑA

La Semana Santa, según la liturgia católica, comprende desde el Domingo de Ramos hasta el Domingo de Resurrección. En ella se conmemora la pasión y muerte de Jesucristo, tras su entrada en Jerusalén. Desde el siglo v las procesiones forman parte esencial de esta celebración. En estas procesiones, junto a los pasos escultóricos que representan escenas de la vida y muerte de Jesucristo, desfilan muchos fieles vestidos con unos trajes especiales que les cubren todo el cuerpo, incluida la cabeza.

LA SEMANA SANTA DE LOS CORAS

Los coras son indígenas que viven en la inhóspita sierra del Nayar, Nayarit (México). Celebran la Semana Santa, un ritual implantado por los misioneros franciscanos, y que los coras integraron a su particular religión. Durante tres días se llevan a cabo danzas y bailes, y algunos grupos se pintan todo el cuerpo de negro.

b) ¿Qué semejanzas y diferencias encuentras entre la Semana Santa española y la que celebran los Coras?

¡JUEGA CON EL ESPAÑOL!

UN POEMA

- Lee el siguiente poema. ¿Crees que hace referencia a una de las fiestas anteriores?
- En parejas. Elegid una de las fiestas y escribid un poema sencillo describiendo su ambiente.
- ¿Saben vuestros compañeros de qué fiesta se trata?

Hacía sol,
había ambiente de fiesta.
La gente estaba triste,
la gente estaba contenta.
Todos mirando hacia arriba,
todos con la boca abierta.
Los deseos en el cielo,
los recuerdos en la tierra.

1. ¿Qué sabes de la Navidad en España? Habla con tu compañero.

2. Lee el siguiente texto y contesta a las preguntas.

La Navidad en España

En España existen muchas tradiciones en Navidad. Antes de la Navidad, se decora la casa con el belén o nacimiento. También antes de Navidad los niños escriben su carta a los Reyes Magos.

Las fechas importantes de la Navidad empiezan el día 22 de diciembre con el sorteo de la lotería de Navidad. Juega mucha gente, incluso gente que normalmente no juega a la lotería.

El día 24 es Nochebuena. Esa noche se prepara una gran cena y la familia se reúne alrededor de la mesa. Al día siguiente, día de Navidad, es también habitual reunirse a la hora de la comida.

El día 28 es el día de los Santos Inocentes. Se gastan bromas incluso en los medios de comunicación.

La última noche del año es la Nochevieja. A las 12 de la noche y para empezar el año se toman doce uvas al ritmo de las campanadas. Después se celebran fiestas en muchos lugares, fiestas que duran toda la noche en muchos casos. Al día siguiente, día de Año Nuevo, es, generalmente, día de descanso.

La noche del 5 de enero es la noche de Reyes. Los niños se acuestan con ilusión y esperan los regalos de los Reyes. Al día siguiente, los niños disfrutan de sus regalos.

- ¿Qué tradiciones existen en España antes de empezar la Navidad?
- ¿Por qué es importante la fecha del 24 de diciembre?
- ¿Qué hacen los españoles al día siguiente de Nochebuena?
- ¿Qué se celebra el 28 de diciembre?
- ¿Qué hacen los niños la noche del 5 de enero?

3. Este es Mario Luna, un artista español que prepara la exposición "Infeliz Navidad". Escucha y responde a las preguntas:

- ¿A qué se dedica Mario?
- ¿Le gusta la Navidad?
- ¿Cómo celebraba la Navidad de niño?
- ¿Qué opina de la Navidad actual?, ¿y de la tradicional?
- ¿Cómo define su personalidad?

Este año sí que me tomo las uvas.

4. a) Mira el dibujo.

b) En España, para empezar el año, se toman doce uvas. ¿Qué hacéis en vuestro país?

5. a) ¿Se celebra la Navidad en tu país? ¿Y la llegada del nuevo año? ¿Qué cambios se han producido? ¿Existen influencias de otras culturas? Haced una lista con los cambios.

La Navidad "antes"

La Navidad "ahora"

b) En grupos, comentad los cambios con vuestros compañeros.

6. a) Dividid la clase en dos grandes grupos (A y B). El grupo A está a favor de cómo se celebraban antes las fiestas. El grupo B prefiere cómo se celebran ahora.

b) ¡A debate! Exponed los argumentos a favor o en contra.

Las fiestas de antes eran más auténticas.

Pues a mí me parece que las fiestas de antes eran más aburridas.

Ahora ya eres capaz de:

● Hablar de acciones habituales en el pasado:

1. Piensa en una época en la que tu vida era muy diferente a la de ahora. ¿Qué hacías?, ¿cómo eras? Cuéntaselo a tu compañero. Él tiene que adivinar cuántos años tenías en esa época.

2. Piensa en uno de estos personajes. Habla con tu compañero. No le digas el nombre del personaje, dile cómo era (físicamente, de carácter...) e imagina qué costumbres tenía. Tu compañero tiene que adivinar de qué personaje se trata.

● Expresar sentimientos:

♦ de alegría

♦ de tristeza o decepción

♦ de alivio

3. Escribe una noticia para cada uno de los tres sentimientos. Cuéntasela a tu compañero. Él tiene que reaccionar ante tus noticias y tú ante las suyas expresando un sentimiento.

● Reaccionar ante un regalo:

4. Dibuja diferentes objetos para regalar. Enséñaselos a un compañero. Él reaccionará ante tus regalos y tú ante los suyos.

VOCABULARIO

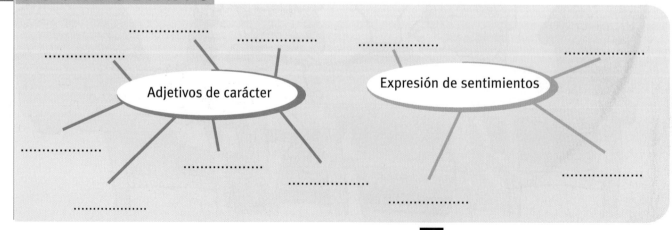

Adjetivos de carácter

Expresión de sentimientos

Sucesos

AL FINAL DE ESTA UNIDAD VAS A:

● Preparar un interrogatorio policial y elaborar una coartada.

PARA ELLO VAMOS A:

○ Contar sucesos (ocurridos hoy o en otro momento del pasado).

○ Hablar de las circunstancias que rodean a los hechos.

○ Relacionar hechos pasados.

1. Un robo.

a) Observa el dibujo.

b) Escribe tres palabras relacionadas con los robos. Si no las conoces en español, puedes usar el diccionario.

c) ¿Conoces las palabras del tablero? Si no es así, pregunta a tu profesor.

d) En dos grupos. Vais a jugar a las tres en raya. Por turnos, cada grupo elige una palabra y hace una frase.

La policía no encontró pistas.

PISTA	ROBAR	DETENER
LADRÓN	ARMA	TESTIGO
SOSPECHOSO	HUIR	COMETER

e) Jugad otra vez con las siguiente palabras:

pistola, matar, asesino, banda, quemar, huellas dactilares, víctima, cárcel, caja fuerte.

2. ¿A qué hora se ha cometido el robo?

Esta mañana se ha cometido un robo en casa de los marqueses de Jolín; han robado un cuadro muy valioso y joyas.

a) En parejas. Observad el dibujo y contestad a las preguntas 1 y 4. Después imaginad las respuestas a las preguntas 2, 3 y 5.

1. ¿A qué hora se ha cometido el robo?
2. ¿Cuántos ladrones han intervenido?, ¿qué aspecto tenían?
3. ¿Hay algún sospechoso?
4. ¿Cómo han huido?
5. ¿Cómo es posible un suceso así en una casa con tantos objetos de valor?

b) En parejas. Leed la noticia que ha aparecido en un periódico de la tarde y comprobad vuestras respuestas.

3. 100 000 euros.

a) Lee las cantidades que se llevaron los ladrones en otros robos.

1 000 *mil*	100 000 *cien mil*
2 000 *dos mil*	203 102 *doscientos tres mil ciento dos*
3 513 *tres mil quinientos trece*	500 000 *quinientos mil*
4 005 *cuatro mil cinco*	1 000 000 *un millón*
22 030 *veintidós mil treinta*	2 320 106 *dos millones trescientos veinte mil ciento seis*

b) Escucha e identifica los números.

c) Tu profesor va a escribir unos números en la pizarra. ¿Cómo se leen? Practica con tu compañero.

ROBO EN CASA DE LOS MARQUESES DE JOLÍN

Un grupo de al menos tres individuos ha entrado hacia las once de la mañana de hoy en la casa de los marqueses de Jolín. Los ladrones se han llevado joyas de gran valor, un Picasso y 100 000 euros. Los ladrones han huido en una ambulancia.

Los ladrones han dormido a los perros. De esta forma, han podido entrar fácilmente ya que, en el momento del robo, no había nadie y el sistema de alarma estaba estropeado.

4. ¿Hecho o circunstancia?

a) Escucha y repite solo los hechos ocurridos.

b) Escucha de nuevo y repite solo las circunstancias.

COMUNICACIÓN

Para describir o hablar de las circunstancias

Para describir o hablar de las circunstancias que rodeaban a un hecho del pasado usamos el pretérito imperfecto.
En el momento del robo, no **había** nadie en la casa.
El sistema de alarma **estaba** estropeado.

5. ¿Y tú?, ¿qué has hecho hoy?

Escribe en un papel tres cosas que has hecho hoy y una circunstancia que rodeaba a cada una.

Me he levantado a las ocho. En la calle había mucho ruido.

6. Noticia en el periódico del día siguiente.

a) Esta es la noticia que apareció en el periódico al día siguiente del robo.

ROBO EN CASA DE LOS MARQUESES DE JOLÍN

Un grupo de al menos tres individuos entró hacia las once de la mañana de ayer en la casa de los marqueses de Jolín. Se llevaron joyas de gran valor, un Picasso y 100 000 euros. Los ladrones huyeron en una ambulancia.

Los ladrones durmieron a los perros. De esta forma, pudieron entrar fácilmente ya que, en el momento del robo, no había nadie en el edificio y el sistema de alarma estaba estropeado.
Por el momento, la policía no ha facilitado más información.

---

b) ¿Se utilizan los mismos tiempos verbales en la redacción de esta noticia y en la de la noticia aparecida el día del robo?

c) Completa de acuerdo con tus deducciones:

- Para hablar de las circunstancias de una noticia, usamos el pretérito ....
- Para hablar de los hechos de una noticia que ha sucedido hoy, usamos el pretérito ....
- Para hablar de los hechos de una noticia que sucedió ayer, , hace una semana, etc. usamos el pretérito ....

1. ¿Y cómo fue?

a) Escucha a un testigo. ¿Qué palabras utiliza para relacionar los hechos del pasado?

b) Escucha de nuevo. ¿Qué hechos están relacionados con cada una de las palabras anteriores?

Entonces oí un ruido...

COMUNICACIÓN

Relacionar hechos del pasado

Cuando llegué a casa no había nadie. **Entonces**, sonó el teléfono.

VOCABULARIO

Expresiones para relacionar hechos del pasado

En ese momento...
Entonces...
... de repente...
A los veinte minutos...
Veinte minutos más tarde...
Veinte minutos después...

GRAMÁTICA

**Algo/Nada
Alguien/Nadie**

- Algo/Nada para referirse a cosas
  ► ¿Había algo en la caja fuerte?
  ► En la caja fuerte no había nada.
- Alguien/Nadie para referirse a personas
  ► ¿Había alguien en el edificio?
  ► No, no había nadie.

2. La escena del crimen.

a) En parejas A y B. Describe tu dibujo a tu compañero y escucha su descripción para completar el aspecto de la escena del crimen cuando llegó la policía.

► *Encima de la mesa no había nada.*

► *Sí, sí, en la mesa había...*

b) ¿Cómo ocurrieron los hechos? Formula una hipótesis con tu compañero.

3. Los sospechosos ¿cómo eran?

a) Una testigo vio salir a uno de los presuntos ladrones. Escucha su testimonio y haz el retrato-robot, **siguiendo los modelos.**

b) Mira los siguientes dibujos y habla con tu compañero para decidir si alguno de ellos coincide con la descripción de la testigo.

El 3 no es porque la testigo ha dicho que el sospechoso tenía los ojos grandes y este los tiene muy pequeños.

¡Extra!

Busca una noticia en un periódico e intenta memorizar lo principal. Después escribe lo que recuerdes.

Prensa española y latinoamericana

1. a) Lee la siguiente información sobre la prensa impresa en España.

Publicaciones diarias

- **Periódicos de información general:** entre los de más tirada tenemos: *ABC, El Mundo, El País, La Razón.* Los domingos editan una revista con secciones de actualidad (ciencia, sociedad, arte, cine...) que por un poco más de dinero acompaña al periódico.
- **Periódicos de información deportiva:** tienen bastante éxito, especialmente entre el público masculino. El deporte protagonista es el fútbol. Los de mayor tirada son *As* y *Marca.*
- **Periódicos de información económica:** encontramos información sobre bolsa, cómo están los mercados, dónde se puede invertir. Los más conocidos son *Expansión* y *Cinco Días.*

Publicaciones semanales

- *Guía del Ocio:* información sobre cines, teatros, conciertos, restaurantes... y cualquier lugar donde pasamos el tiempo libre.
- Revistas del corazón: *¡Hola!, Semana, Diez Minutos...*

Publicaciones en días alternos

- *Segunda Mano:* la gente pone anuncios para vender todo tipo de cosas: casas, coches, motos, productos informáticos... Casi todo el mundo lo compra cuando está buscando piso.

Publicaciones mensuales

Revistas especializadas:
- De informática, decoración, divulgación científica, música, cine, arte...
- Y, en septiembre, cuando terminan las vacaciones y empieza el curso, montones de fascículos coleccionables de todo tipo de temas.

b) Ahora contesta a las preguntas.

- ¿Qué publicación puedes comprar?
  – Para planear tu fin de semana.
  – Para enterarte de la actualidad política.
  – Para enterarte de todos los detalles de un partido Real Madrid-Barcelona.
  – Para comprar un apartamento en Madrid.

- ¿Hay en tu país el mismo tipo de publicaciones?

2. Prensalatina.com

Observa esta página de Internet con los
principales periódicos digitales de algunos países
de habla hispana.

Prensalatina.com

PERIÓDICOS EN ESPAÑOL

Argentina: <u>Clarín</u>, <u>La Nación</u>
Chile: <u>El Mercurio</u>, <u>La Tercera</u>
Colombia: <u>El Nuevo Herald</u>
España: <u>El País</u>, <u>El Mundo</u>, <u>ABC</u>
México: <u>Reforma</u>, <u>El Universal</u>, <u>Crónica</u>
Perú: <u>La República</u>, <u>El Comercio</u>
Venezuela: <u>El Universal</u>, <u>El Nacional</u>

3. Un cuestionario.

a) Habla con tu compañero y completa el siguiente cuestionario con sus respuestas.

¿Te gusta estar informado? ¿Qué medio prefieres: la radio, la televisión, los periódicos impresos, los periódicos digitales? ¿Por qué?	
¿Cuál es tu sección favorita del periódico? ¿Y la que menos te gusta?	
¿Conoces alguno de los periódicos en español que aparecen en la página anterior?	
¿Has leído algo en alguno de ellos (en su versión digital o impresa)? ¿Por qué?	
¿Te parece muy difícil leer noticias en español?	

b) Mezclad todos los cuestionarios y buscad la siguiente información.

¿Alguno de tus compañeros prefiere el mismo medio de comunicación que tú? ....

¿Algún compañero prefiere la misma sección que tú? ....

¿Y alguno odia la misma? ....

¿Alguien ha leído un periódico en español? ....

¿A alguna persona de tu clase le parece fácil leer noticias en español? ....

¡JUEGA CON EL ESPAÑOL!

C A N C I Ó N

Pedro Navaja

- Escucha la canción *Pedro Navaja* de Rubén Blades, un cantante panameño, y contesta a las preguntas:
  a) ¿Cómo era Pedro Navaja?
  b) ¿Qué se cuenta en la canción?
  ☐ un asesinato   ☐ un robo   ☐ las dos cosas

- Tu profesor te va a dar la letra de la canción. ¿Cómo fue el crimen, cómo se desarrolló? Subraya las acciones principales.

- En grupos de tres. Redactad la noticia para un periódico y acompañadla de una ilustración.

1. Lee la siguiente noticia aparecida en el tablón de anuncios del restaurante La Gran Sopa.

RESTAURANTE LA GRAN SOPA

Estimados trabajadores:

Os tenemos que dar malas noticias. Ha desaparecido nuestro libro de recetas de la cocina. Como sabéis, es un libro único y de gran valor. No se sabe si ha desaparecido hoy por la mañana o ayer lunes por la tarde (los días de descanso del restaurante). De cualquier manera, os informamos de que la policía va a venir a hacer un interrogatorio entre los sospechosos (que somos todos).

Os rogamos que prestéis vuestra colaboración en todo lo posible.

Muchísimas gracias por vuestra ayuda y os pedimos disculpas por las molestias.

LA DIRECCIÓN

2. Escucha ahora lo que dice el dueño del restaurante a su plantilla y después contesta a las preguntas.

- ¿Quiénes son los sospechosos?, ¿por qué se sabe?
- ¿A qué hora se cometió o se ha cometido el robo?
- ¿A qué hora va a venir la policía para el interrogatorio?

3. Imaginad que la mitad de la clase sois empleados del restaurante La Gran Sopa (sospechosos) y la otra mitad de la clase sois policías.

4. Dividíos en grupos de cuatro personas. Dos sois policías y dos, sospechosos.

5. Los policías preparan un interrogatorio (para saber lo que hicieron ayer y lo que han hecho hoy los sospechosos durante el momento del robo) y lo redactan.

6. Los sospechosos, en pequeños grupos, preparan su coartada con todo detalle (la misma coartada para los dos componentes de cada grupo) y redactan su declaración. Tenéis que pensar qué hicisteis ayer y qué habéis hecho hoy (hechos y circunstancias). Preparad bien vuestra coartada para no tener contradicciones entre vosotros durante el interrogatorio.

7. Los sospechosos pasan de uno en uno a prestar declaración.

Ahora ya eres capaz de:

● Hablar de las circunstancias que rodeaban a un hecho (reciente o no):

1. Relaciona cada hecho con su circunstancia:

Hoy he desayunado churros. 1   A Me dolía mucho el estómago.

Ayer estuve en el campo. 2   B La otra estaba muy lejos de mi trabajo.

La semana pasada fui al médico. 3   C Había muchísimos mosquitos.

Este año me he cambiado de casa. 4   D Estaban buenísimos.

● Relacionar los hechos de un suceso en el tiempo:

2. Observa el cómic y completa el texto de debajo con los referentes temporales adecuados.

Ayer me pasó una cosa rarísima: sonó el teléfono, lo cogí y no contestó nadie. Colgué y ...., sonó el timbre de la puerta, abrí y no había nadie. ...., sonó otra vez el timbre de la puerta, abrí. No había nadie y, ..., apareció Juan, pero él no sabía nada.

● Contar una noticia hablando de hechos y circunstancias:

3. Eres el sospechoso de un robo que se cometió **ayer** entre las 2 y las 5 de la tarde. Tu compañero es un detective que te interroga sobre lo que hiciste (hechos y descripciones).

4. Ahora tu compañero es el sospechoso de un robo que se ha cometido **hoy** en las tres horas anteriores a la clase. Tú lo interrogas.

VOCABULARIO

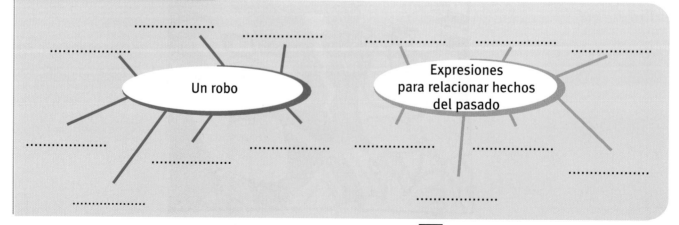

Repaso III

¿JUGAMOS AL PICTIONARY?

Preparación.

- Dividid la clase en cuatro grupos. Cada grupo elige una unidad de las estudiadas (de la 9 a la 12) y escribe en tarjetas las palabras aprendidas en esa unidad (una palabra por tarjeta).

¡A jugar!

- En parejas. Se reparten las tarjetas confeccionadas por los cuatro grupos anteriores entre todas las parejas. Las tarjetas estarán boca abajo.

- Por turnos. Un miembro de la pareja coge una tarjeta. Mediante dibujos tiene que hacer que su compañero diga en voz alta la palabra escrita en la tarjeta. No vale poner letras, números, ni símbolos.

- Ahora es el compañero quien dibuja. Y así sucesivamente.

- Cuando el profesor lo considere conveniente, todas las parejas cambiarán sus tarjetas con otra pareja.

1. Los españoles y el deporte.

Lee el texto y contesta a las preguntas.

La salud es un tema que preocupa cada vez más a los españoles. La mayoría piensa que hacer deporte permite estar en forma, que el deporte es fuente de salud. El 23% de los españoles practica algún deporte. Todavía hay más hombres que mujeres que hacen deporte, pero con los años las cifras se van igualando. Natación, ciclismo, fútbol, gimnasia... son algunos de los deportes más practicados por los españoles.

Pero cada vez son más los españoles que prefieren otras formas de hacer ejercicio menos convencionales, por ejemplo, el yoga.

- ¿Te preocupa estar en forma?, ¿y a los españoles?

- ¿Qué deportes practican los españoles? ¿Y tú qué deportes practicas?

2. Fechas que cambiaron el mundo.

a) ¿Recuerdas estas fechas que cambiaron el mundo? Relaciona las fechas con los hechos.

a) 11 de septiembre de 2001

b) 21 de julio de 1969

c) 9 de noviembre de 1989

d) 9 de diciembre de 1980

b) Formad cuatro grupos. Cada grupo prepara fechas que cambiaron el mundo, en tarjetas individuales. Poned todas las tarjetas en común boca abajo e id levantándolas por turnos. Decid la fecha en voz alta e intentad responded con el acontecimiento. Gana el grupo que más acontecimientos conozca a partir de la fecha dada.

1.
Asesinato de John Lennon

2.
Caída del muro de Berlín

3.
Llegada del hombre a la Luna

4.
Atentado contra las Torres Gemelas en Nueva York

3. Día de Reyes.

Escucha lo que Adolfo recuerda de los días de Reyes de su infancia. ¿Cuáles de las siguientes cosas hacían él y sus hermanos?

- Acostarse pronto. ☐

- Poner turrón en un plato para los Reyes Magos. ☐

- Dejar un poco de hierba para los camellos. ☐

- Poner mucha fruta debajo del árbol de Navidad. ☐

- Colgar los calcetines en la chimenea. ☐

- Levantarse pronto. ☐

4. Los españoles y los medios de comunicación.

• ¿Sabes cuál es el medio de comunicación más usado por los españoles?

• ¿Crees que a los españoles les gusta estar informados?

Lee y comprueba.

LA TELEVISIÓN

Muchos españoles (un 79%) vemos la televisión todos o casi todos los días. La mayoría de la gente ve la tele de 1 a 3 horas al día (al mediodía y, especialmente, por la noche). ¿Qué programas vemos? Nos gustan los programas informativos, las películas y, en tercer lugar, los programas de fútbol, los documentales y los programas culturales.

• ¿Es igual en el país donde estudias español? ....

LA RADIO

Casi la mitad de los españoles (un 46%) escuchamos la radio todos o casi todos los días, de 1 a 2 horas diarias y, generalmente, por la mañana.

Los programas más escuchados son los de noticias, seguidos por los de música moderna y, en tercer lugar, tertulias y programas de entrevistas.

• ¿Es igual en el país donde estudias español? ....

LA PRENSA

Un 26% de los españoles leemos el periódico todos los días. Un 12% solo los fines de semana y un 13% de vez en cuando. Los periódicos más leídos son los de información general (un 93%), seguidos por los de deportes (31%) y los económicos (12%).

• ¿Y tú?, ¿cuál es tu medio de información favorito?

....

• ¿Qué tipo de programa te gusta ver o escuchar?

....

Los hispanohablantes: nuestra realidad social y política

Nuestros personajes célebres, nuestra historia reciente, nuestras fiestas, nuestros medios de comunicación.

En pequeños grupos. Vais a confeccionar un póster de un país de habla hispana. En él tenéis que ofrecer la siguiente información:

1. Biografías sobre personajes célebres:
- ¿Qué aportaron a las letras, a las ciencias y a la humanidad?

2. Historia reciente:
- ¿Cuáles son los acontecimientos históricos más importantes? ¿Cuándo se produjeron?

3. Fiestas:
- ¿Qué fiestas se celebran en todo el país? ¿Cuándo y cómo se celebran? ¿Son fiestas religiosas?
- Fiestas locales más importantes.

4. Medios de comunicación:
- ¿Le gusta a la gente estar informada?
- ¿Cuál es el medio de comunicación más usado?
- Aparte de los informativos, ¿qué otros programas ve o escucha la población?

¿Cómo podéis obtener esta información?

- Si estudiáis español en un país de habla hispana, buscad la información en la calle (hablad con la gente, preguntad a vuestro profesor, consultad los medios de comunicación...).

- Si no estudiáis español en un país de habla hispana, vuestro profesor os dará información sobre algunos países. También podéis buscar información en Internet (visitando páginas o *chateando* con gente del país elegido) o en otros medios.

Ayudas en clase

- ¿Cómo se escribe?
- ¿Cómo se dice "hello" en español?
- ¿Cómo se pronuncia?
- ¿Qué significa "amigo"?
- Más alto, por favor.
- Más despacio, por favor.
- Perdón, ¿puedes repetir?

Presentaciones

Formal
▶ Mire, le presento al señor Ruiz. La señora López.
▶ Encantada.
▶ Mucho gusto.

Informal
▶ Mira, este es Luis. Luis, Carmen.
▶ Hola, ¿qué tal?
▶ Muy bien, ¿y tú?

Pedir y dar datos personales

Nombre y apellidos
▶ ¿Cómo te llamas?
▶ Laura.
▶ ¿Y de apellido?
▶ García.

Edad
▶ ¿Cuántos años tienes?
▶ Veinticinco.

Profesión
▶ ¿A qué te dedicas?
▶ Soy peluquero.

Nacionalidad
▶ ¿De dónde eres?
▶ De Italia, ¿y tú?
▶ Soy canadiense.

Estado civil
▶ ¿Estás casado?
▶ No, soy soltero.

Dirección
▶ ¿Dónde vives?
▶ En la calle del Pez, 7.

Teléfono
▶ ¿Cuál es tu número de teléfono?
▶ 91 7869807, y el móvil, 686 98 65 78.

Saludos y depedidas

Saludar
- ¡Hola!
- ¡Hola! ¿Qué tal?

Despedirse
- Adiós.
- Hasta luego.

- Buenos días.
- Buenas tardes.
- Buenas noches.

Describir a alguien

▶ ¿Cómo es?
▶ Es rubio, alto y fuerte. Es muy guapo.
▶ ¿Y de carácter?
▶ Es simpático y muy inteligente.

Preguntar y decir la hora

▶ ¿Qué hora es?
▶ Son las cinco en punto.

Pedir y dar instrucciones para llegar a un lugar

▶ ¿Dónde está la calle Sagasta?
▶ Giras a la izquierda y es la primera a la derecha.

▶ ¿Hay una farmacia por aquí cerca?
▶ Sí, ¿ves el banco? Pues al lado.

Preguntar el precio

Preguntar el precio
• ¿Cuánto cuesta el kilo de tomates?

Preguntar el importe
• ¿Cuánto es?

Expresar gustos y preferencias

• ¿Te gustan las naranjas?
• Me gusta muchísimo el queso.
• No me gustan nada las cerezas.

▶ ¿Qué prefieres, la carne o el pescado?
▶ Prefiero la carne.

• ¿Qué te gusta más, el vino o la cerveza?

En el restaurante

Pedir un plato
• Para mí, sopa y merluza.
• De primero, macarrones.

Preguntar por los ingredientes de un plato
• ¿Qué lleva el arroz negro?

Pedir la cuenta
• ¿Me trae la cuenta, por favor?
• ¿Nos trae la cuenta?

Pedir cosas
• ¿Me trae otra cerveza?
• ¿Nos trae un poco más de pan?

Para comunicarte

Hablar de la rutina diaria

- ► ¿Qué haces por la tarde?
- ► Voy a la piscina.
- ► ¿A qué hora?
- ► A las 18:00.

Hablar de acciones habituales

- ► ¿A qué hora te levantas?
- ► A las siete.
- ► ¿Qué horario de trabajo tienes?
- ► De ocho a tres.

Hablar de la frecuencia

- ► ¿Con qué frecuencia juegas al tenis?
- ► Dos veces por semana.

Hacer comparaciones

- • La falda es más barata que el abrigo.
- • Este pantalón es más ancho que el otro.

Solicitar la identificación de un objeto

- • ¿Qué es esto?

Decir qué ropa lleva una persona

- • Lleva unos pantalones vaqueros y una camisa de cuadros.

En la tienda

Preguntar el precio
- ► ¿Cuánto cuesta esta camisa?
- ► 260 euros.

Pedir la opinión
- • ¿Qué te parece este traje?
- • ¿Cómo me quedan estos pantalones?

Describir cosas y valorar cosas
- • Es bonita.
- • Me parece un poco estrecho.

Preguntar la forma de pago
- • ¿Puedo pagar con tarjeta?
- • ¿En efectivo o con tarjeta?

Hablar de experiencias

▶ ¿Alguna vez has estado en Hispanoamérica?
▶ He estado muchas veces en Chile.

Hablar de acciones realizadas en un tiempo del pasado relacionado con el presente

• Hoy he ido al médico.
• Este año me he cambiado de casa.

Valorar experiencias recientes

• Ha sido un viaje inolvidable.
• Han sido unos días fabulosos.
• He tenido una reunión muy aburrida.

Hablar de planes e intenciones futuras

• El próximo año vamos a ir de vacaciones a la India.
• Este fin de semana pensamos hacer una fiesta en casa.

Proponer alternativas

• ¿Y si vamos al cine esta noche?
• ¿Qué tal si quedamos a las siete?

Hablar por teléfono

• ¿Sí? ¿Diga?
• ¿De parte de quién?
• Ahora se pone.
• No está.
• ¿Quieres dejar algún recado?
• Comunica.

Hablar del tiempo atmosférico

▶ ¿Qué tiempo hace?
• Hace sol.
• Está nublado.
• Está lloviendo.
• Está nevando.

Quedar con alguien

• ¿Te vienes esta noche al cine?
• ¿Quedamos el martes para ir de compras?
• ¿Cómo quedamos?

Expresar obligación

• Tenemos que terminar pronto.
• Tengo que ir al médico.

Expresar dolor

- Me duele la cabeza.
- Me duelen los pies.

Hablar de estados físicos

- Tengo frío.
- Estoy muy cansada.

Dar consejos

▶ Últimamente me duele mucho la espalda y la cabeza.
▶ Ve al médico.

Pedir favores

▶ ¿Puedes abrir la ventana?
▶ Sí, claro.

▶ ¿Puedes cerrar la ventana?
▶ Es que tengo mucho calor.

Contar la vida de una persona

Nació en Salamanca en 1957. A los 10 años su familia se fue a vivir a Madrid...

Hacer descripciones de cosas, lugares y personas en el pasado

- La casa estaba vacía, solo había una silla, que estaba rota, y...
- De pequeña era muy miedosa.

Hablar de acciones habituales en el pasado

Antes iba mucho al cine, pero últimamente no voy casi nunca.

Contar sucesos

- **Contar sucesos ocurridos hoy**
  (hechos y circunstancias)

  Esta mañana han entrado dos hombres en casa de la Condesa de la Rosa y se han llevado todos los objetos de valor. Los ladrones eran altos, fuertes y llevaban ropa negra.

- **Contar sucesos ocurridos en otro momento del pasado**

  (hechos y circunstancias)

  Ayer entraron dos hombres en casa de la Condesa de la Rosa y se llevaron todos los objetos de valor. Los ladrones eran altos, fuertes y llevaban ropa negra.

Gramática

Unidades 1 a 4

1 Adjetivos de nacionalidad

Masculino	Femenino
-o	-a
sueco	sueca
-consonante	-a
francés	francesa
iraní	
costarricense	
belga	

* Los adjetivos de nacionalidad que terminan en *-í, -a, -ense* son iguales en masculino y femenino.

2 Llamarse y ser: presente

me llamo	soy
te llamas	eres
se llama	es
nos llamamos	somos
os llamáis	sois
se llaman	son

¡Hola! Me llamo Lola y soy española.

3 Adjetivos

Masculino	Femenino
-o	-a
alto	alta
grande	
optimista	
joven	

* Generalmente, los adjetivos que terminan en *-e, -ista* o consonante son iguales en masculino y femenino.
* Los adjetivos de nacionalidad son diferentes (ficha 1).

4 Artículos determinados: el / la / los / las

Usamos el artículo determinado para:
• Hablar de algo o alguien conocido o mencionado.
> *El señor Gil es muy serio.*
• Generalizar.
> *Las ensaladas son muy sanas.*

5 Interrogativos

• **¿Qué...?**
– Para solicitar la identificación de un objeto.
  ¿Qué es esto?
– Para preguntar por acciones o cosas.
  ¿Qué desayunas normalmente?

• **¿Quién...?**
– Para preguntar por la identidad de las personas.
  ¿Quién es ese chico?

• **¿Cuál...?**
– Para preguntar por la identidad de cosas o personas de la misma clase.
  ¿Cuál prefieres?, ¿esta falda o esta?

• **¿Dónde...?**
– Para preguntar por la situación de algo o alguien.
  ¿Dónde están las llaves?

• **¿Cuándo...?**
– Para preguntar por el tiempo en que ocurre algo.
  ¿Cuándo vuelves de vacaciones?

• **¿Cómo...?**
– Para preguntar por el modo de hacer algo.
  ¿Cómo vienes a clase?
– Para pedir una descripción.
  ▶ *¿Cómo es?*
  ▶ *Moreno y de ojos verdes.*

• **¿Cuánto /a /os /as...?**
– Para preguntar por la cantidad.
  ¿Cuántos años tienes?

• **¿Por qué...?**
– Para preguntar por la causa de algo.
  ¿Por qué estudias español?

6 Números del 0 al 100

0 cero	1 uno	3 tres	5 cinco	7 siete	9 nueve
	2 dos	4 cuatro	6 seis	8 ocho	10 diez

11 once	21 veintiuno	31 treinta y uno	60 sesenta
12 doce	22 veintidós	32 treinta y dos	70 setenta
13 trece	23 veintitrés	....	80 ochenta
14 catorce	24 veinticuatro	40 cuarenta	90 noventa
15 quince	25 veinticinco	41 cuarenta y uno	100 cien
16 dieciséis	26 veintiséis	...	
17 diecisiete	27 veintisiete	50 cincuenta	
18 dieciocho	28 veintiocho	51 cincuenta y uno	
19 diecinueve	29 veintinueve	...	
20 veinte	30 treinta		

7 El plural

Se forma igual en sustantivos y adjetivos.

Singular	Plural
-a / -e / -i / -o / -u -á / -é / -ó	+ s
profesor**a**	profesor**as**
caf**é**	caf**és**
consonante / -í / -ú	+ es
señor	señor**es**
marroqu**í**	marroqu**íes**

8 Sustantivos

Masculino	Femenino
-o	-a
tí**o**	tí**a**
-or	-ora
escrit**or**	escrit**ora**
futbol**ista**	
cant**ante**	

* Generalmente, los sustantivos terminados en -*ante* o -*ista* son igual para el masculino y el femenino.

* Algunos sustantivos son totalmente diferentes en masculino y femenino.

hombre	mujer
padre	madre
marido	mujer

9 Mi / tu / su...: posesivos

mi	mis
tu	tus
su	sus
nuestro/a	nuestros/as
vuestro/a	vuestros/as
su	sus

mi tío / mi tía / mi**s** tío**s** / mi**s** tía**s**
nuestr**o** tí**o** / nuestr**a** tí**a**

10 Al lado / enfrente / al final...: adverbios de lugar

Al lado (de)	*Después (de)*
Al final (de)	*Enfrente (de)*
A la izquierda (de)	*A la derecha (de)*

• Sirven para situar un elemento respecto a otro.
   *La farmacia está **enfrente de** la iglesia.*

• Si no mencionamos el elemento de referencia detrás de estos adverbios, no usamos la preposición *de*.
   *¿Ves la iglesia? La farmacia está **enfrente**.*

11 Tener: presente

tengo
tienes
tiene
tenemos
tenéis
tienen

¡Adiós! Tengo mucha prisa.

12 Hay / está(n)

• Usamos **hay** para expresar la existencia de algo o alguien.
   *En mi calle **hay** un restaurante muy bueno.*

• Usamos **está** o **están** para localizar algo o a alguien.
   *El cine Rex **está** en la calle Daganzo.*
   *Tus padres **están** en casa.*

Perdone, ¿sabe dónde está el Museo del Prado?

13 A / en / de: preposiciones

- **A** precede al lugar de destino.
  *Voy **a** clase. / Voy **a** la farmacia.*
- **En** precede al lugar de situación.
  *Estoy **en** casa. / Estoy **en** el cine.*
- **De** precede al lugar de origen.
  *Vengo **de** casa. / Vengo **de** la estación.*

* Observa que, con estas preposiciones, los sustantivos *casa* y *clase*, generalmente, no llevan el artículo determinado *la*.

14 Poder / costar: presente

puedo
puedes
puede   cuesta
podemos
podéis
pueden   cuestan

15 Ir / venir / volver: presente

voy	vengo	vuelvo
vas	vienes	vuelves
va	viene	vuelve
vamos	venimos	volvemos
vais	venís	volvéis
van	vienen	vuelven

16 Un / una / unos / unas: artículos indeterminados

- Usamos el artículo indeterminado para hablar de algo o alguien desconocido o no mencionado antes.
  Un señor te espera en recepción.
- * Fíjate:
  ▶ *¿Hay un banco por aquí cerca?*
  ▶ *Sí, hay **uno** allí, al lado del cine.*
- Usamos el pronombre *uno* para no repetir *un banco*. En femenino es *una*.
  ▶ *¿Hay una farmacia por aquí cerca?*
  ▶ *Sí, hay **una** allí, al lado del cine.*

17 Gustar: presente (verbos en 3.ª persona)

me gusta	me gustan
te gusta	te gustan
le gusta	le gustan
nos gusta	nos gustan
os gusta	os gustan
les gusta	les gustan

En los verbos de 3.ª persona el sujeto es la palabra que, generalmente, aparece detrás. Por eso, también generalmente, se conjugan en 3.ª persona.

Me gusta la fruta (el sujeto es *la fruta*).
Me gustan los plátanos (el sujeto es *los plátanos*).

Pero:
Me gustas tú (el sujeto es *tú*).

Gramática

18 El presente de indicativo

VERBOS REGULARES

	trabajar	**comer**	**vivir**
(yo)	trabaj**o**	com**o**	viv**o**
(tú)	trabaj**as**	com**es**	viv**es**
(él, ella, usted)	trabaj**a**	com**e**	viv**e**
(nosotros, nosotras)	trabaj**amos**	com**emos**	viv**imos**
(vosotros, vosotras)	trabaj**áis**	com**éis**	viv**ís**
(ellos, ellas, ustedes)	trabaj**an**	com**en**	viv**en**

VERBOS REFLEXIVOS

	levantarse
(yo)	**me** levanto
(tú)	**te** levantas
(él, ella, usted)	**se** levanta
(nosotros, nosotras)	**nos** levantamos
(vosotros, vosotras)	**os** levantáis
(ellos, ellas, ustedes)	**se** levantan

* Usamos el presente de indicativo para:
  * Hablar de lo que hacemos habitualmente.
    Todos los días me despierto pronto.
  * Para dar información sobre alguien o algo en presente.
    María es rubia, está casada y lleva gafas.

19 La frecuencia

siempre casi siempre normalmente a menudo a veces casi nunca nunca	(todos) los (todos) los (todas) las	lunes, martes... fines de semana días meses años semanas	una vez dos veces tres veces	al a la por	día mes año semana

* Estas expresiones pueden ir en varios lugares de la frase:
  ***Siempre** vamos de vacaciones a la playa.*
  *Vamos **siempre** de vacaciones a la playa.*   ***No** voy **nunca** al fútbol.*
  *Vamos de vacaciones a la playa **siempre**.*   ***Nunca** voy al fútbol.*

20 En / entre / encima / debajo / detrás

* Sirven para localizar.

en	el armario
entre	la mesa **y** la cama

encima		el ordenador
debajo	**de**	la cama
delante		los armarios
detrás		la puerta

21 Estar + gerundio

Esta expresión sirve para hablar de una acción
que transcurre en el momento en que hablamos.

ESTAR

estoy		
estás		trabaj**ando**
está	+	beb**iendo**
estamos		escrib**iendo**
estáis		
están		

Algunos gerundios irregulares:

LEER	le**y**endo
OÍR	o**y**endo
SEGUIR	s**i**guiendo
PEDIR	p**i**diendo
DECIR	d**i**ciendo
DORMIR	d**u**rmiendo

22 Números (a partir de 100)

100 cien	600 seiscientos
200 doscientos	700 **sete**cientos
300 trescientos	800 ochocientos
400 cuatrocientos	900 **nove**cientos
500 **quini**entos	1 000 mil

10 000 diez mil
1 000 000 un millón

* Cuando el número 100 va seguido de unidades
(uno, dos...) o de decenas (diez, veinte...) se
dice ciento.

101 **ciento** uno	116 **ciento** dieciséis
105 **ciento** cinco	121 **ciento** veintiuno

* Las centenas (a partir de 200) concuerdan en
género con el nombre.

200	doscient**os** discos
	doscient**as** personas
420	cuatrocient**os** veinte euros
	cuatrocient**as** veinte entradas

23 Los verbos parecer y quedar (verbos en 3.ª persona)

Funcionan como *gustar*.

me			me	
te			te	
le	parece		le	queda
nos	parecen		nos	quedan
os			os	
les			les	

▸ *¿Qué te parece
esta blusa?*
▸ *Es muy bonita.*

¿Qué tal me quedan estos pantalones?

Te quedan un poco grandes...

24 Poco / muy / mucho / bastante / demasiado

* Cuando se refieren a adjetivos y verbos, son invariables.

REFERIDOS A ADJETIVOS

Luis es **poco** inteligente.
Esta fruta está **muy** verde.
Jorge es **bastante** tímido.
Tu camisa es **demasiado** grande.

REFERIDOS A VERBOS

Pedro come **poco**.
Duermo fatal porque ceno **mucho**.
María estudia **bastante**.
Te vas a poner enfermo, trabajas **demasiado**.

Un poco se refiere a adjetivos con significado negativo.
   *María está **un poco** nerviosa.*

* Cuando se refieren a nombres, estas formas son variables y concuerdan en género
y número con el nombre.
   *Tienes que descansar más, duermes **pocas** horas.*
   *¡Comes **demasiadas** grasas!*

25 Pronombres CD

	Masculino	Femenino
Singular	lo	la
Plural	los	las

* Pueden referirse a personas o a cosas. Normalmente van delante del verbo.
  ▶ *¿Has visto a María?*
  ▶ *No, no **la** he visto.*

* Con los verbos en infinitivo, los pronombres van detrás formando una sola palabra.
  *¿Puedo probár**melo**?*

¿Has visto la última película de Amenábar?

No, no la he visto.

26 Demostrativos

Concuerdan con el nombre en género y número.

	Masculino	Femenino
Singular	este, ese	esta, esa
Plural	estos, esos	estas, esas

* El uso de los demostrativos depende de la distancia a la que se encuentren los objetos.
  *¿Puedo ver **esta** camisa?*
  *Te quedan muy bien **esos** pantalones.*

* Para presentar a otras personas usamos *este, esta...*
  ***Esta** es Laura, una compañera de trabajo.*

27 Comparativos

Más / menos... que
  Esta falda es más bonita que esa.
  Este sofá es más cómodo que el otro.

* Algunos comparativos especiales.

más bueno	⟶	**mejor**
más malo	⟶	**peor**
más grande	⟶	**mayor**
más pequeño	⟶	**menor**

28 Tener que + infinitivo

Sirve para expresar obligación o necesidad.

	TENER	
(yo)	tengo	
(tú)	tienes	
(él, ella, usted)	tiene	+ INFINITIVO
(nosotros, nosotras)	tenemos	
(vosotros, vosotras)	tenéis	
(ellos, ellas, ustedes)	tienen	

29 El pretérito perfecto

	PRESENTE DE HABER	+ participio
(yo)	he	
(tú)	has	est**ado**
(él, ella, usted)	ha	com**ido**
(nosotros, nosotras)	hemos	viv**ido**
(vosotros, vosotras)	habéis	
(ellos, ellas, ustedes)	han	

Usamos el pretérito perfecto para:

• Hablar de experiencias a lo largo de la vida sin especificar el momento.
  He estado muchas veces en Hispanoamérica.
• Hablar de acciones que se realizan:
  – En cualquier momento de hoy (hace dos horas, hace un rato, hoy, esta tarde...).
    Hace cinco minutos he visto a Pedro.
  – Esta semana, este fin de semana, este mes...
    Este fin de semana he estado en la playa.
• Valorar experiencias recientes:
  Ha sido un viaje muy interesante.

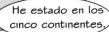

He estado en los cinco continentes.

30 Ir a + infinitivo / pensar + infinitivo

Sirven para hablar de planes o intenciones futuras.

	IR		PENSAR	
(yo)	voy		pienso	
(tú)	vas		piensas	
(él, ella, usted)	va	+ INFINITIVO	piensa	+ INFINITIVO
(nosotros, nosotras)	vamos		pensamos	
(vosotros, vosotras)	vais		pensáis	
(ellos, ellas, ustedes)	van		piensan	

*Esta tarde **vamos a ir** al cine.*   *Este verano **pienso ir** a Mallorca.*

Gramática
Unidades 9 a 12

31 Doler: presente (verbo en 3.ª persona)

me duele	me duelen
te duele	te duelen
le duele	le duelen
nos duele	nos duelen
os duele	os duelen
les duele	les duelen

Ver ficha 17.

¡Cómo me duelen los pies!

33 El pretérito indefinido

VERBOS REGULARES

	TRABAJAR	COMER	VIVIR
(yo)	trabaj**é**	com**í**	viv**í**
(tú)	trabaj**aste**	com**iste**	viv**iste**
(él, ella, usted)	trabaj**ó**	com**ió**	viv**ió**
(nosotros, nosotras)	trabaj**amos**	com**imos**	viv**imos**
(vosotros, vosotras)	trabaj**asteis**	com**isteis**	viv**isteis**
(ellos, ellas, ustedes)	trabaj**aron**	com**ieron**	viv**ieron**

USOS

• Hablar de acciones realizadas en un tiempo no relacionado con el presente: ayer, anteayer, el otro día, hace 5 días, el mes pasado...
   *La semana pasada **comí** con Enrique.*

32 Imperativo

	HABLAR	COMER	ESCRIBIR
(tú)	habl**a**	com**e**	escrib**e**
(usted)	habl**e**	com**a**	escrib**a**

* Los pronombres van detrás del imperativo afirmativo formando una palabra con él.
   *Mira qué falda tan bonita. Prueba**tela**.*

USOS

• Dar consejos.
   Toma una aspirina y te encontrarás mejor.
• Dar órdenes.
   Lávate los dientes, Jorgito.

34 El pretérito imperfecto

VERBOS REGULARES

	TRABAJAR	COMER	VIVIR
(yo)	trabaj**aba**	com**ía**	viv**ía**
(tú)	trabaj**abas**	com**ías**	viv**ías**
(él, ella, usted)	trabaj**aba**	com**ía**	viv**ía**
(nosotros, nosotras)	trabaj**ábamos**	com**íamos**	viv**íamos**
(vosotros, vosotras)	trabaj**abais**	com**íais**	viv**íais**
(ellos, ellas, ustedes)	trabaj**aban**	com**ían**	viv**ían**

USOS

• Hablar de acciones realizadas habitualmente en un tiempo pasado:
   *De pequeña, **comía** muchas golosinas.*
• Hacer descripciones de personas o cosas en un tiempo pasado:
   *Mi abuelo **era** muy simpático.*
• Reaccionar ante un regalo:
   *¡Muchas gracias! Me **hacía** falta un jersey.*

35 Entonces / de repente / a los cinco minutos...: expresiones temporales para relacionar hechos del pasado

• **Entonces...** / en ese momento...
   *Lola se fue. **Entonces** llegó Juan.*
• **A (los cinco minutos)...** / (cinco minutos) después... / (cinco minutos) más tarde...
   *Se casaron en mayo y **a los seis meses** se divorciaron.*
• **Al día siguiente...** (a la semana siguiente; al mes siguiente...)
   *Tiene muy mala memoria. Hace una cosa y **al día siguiente** ya no se acuerda.*
• **De repente...**
   *Hacía sol y, **de repente**, empezó a llover.*

1 EL PRESENTE DE INDICATIVO

VERBOS REGULARES

	TRABAJAR	COMER	VIVIR
(yo)	trabaj-**o**	com-**o**	viv-**o**
(tú)	trabaj-**as**	com-**es**	viv-**es**
(el, ella, usted)	trabaj-**a**	com-**e**	viv-**e**
(nosotros, nosotras)	trabaj-**amos**	com-**emos**	viv-**imos**
(vosotros, vosotras)	trabaj-**áis**	com-**éis**	viv-**ís**
(ellos, ellas, ustedes)	trabaj-**an**	com-**en**	viv-**en**

Otros verbos regulares:

ESTUDIAR	LEER	ESCRIBIR
HABLAR	VENDER	RECIBIR

VERBOS IRREGULARES

1. Verbos totalmente irregulares:

	SER	IR	HABER
(yo)	**soy**	**voy**	**he**
(tú)	**eres**	**vas**	**has**
(el, ella, usted)	**es**	**va**	**ha**
(nosotros, nosotras)	**somos**	**vamos**	**hemos**
(vosotros, vosotras)	**sois**	**vais**	**habéis**
(ellos, ellas, ustedes)	**son**	**van**	**han**

2. Primera persona singular (yo) irregular:

SABER	ESTAR	PONER	SALIR	HACER
sé	**estoy**	**pongo**	**salgo**	**hago**
sabes	estás	pones	sales	haces
sabe	está	pone	sale	hace
sabemos	estamos	ponemos	salimos	hacemos
sabéis	estáis	ponéis	salís	hacéis
saben	están	ponen	salen	hacen

- Verbos que terminan en -CER, y -UCIR
  CONOCER ⟶ (yo) conozco
  CONDUCIR ⟶ (yo) conduzco
- Cambio ortográfico
  COGER ⟶ (yo) cojo

3. a) Cambio de vocal en la raíz en las tres primeras personas del singular y en la tercera del plural:

	e ⟶ ie (cerrrar)	o ⟶ ue (volver)	e ⟶ i (pedir)	u ⟶ ue (jugar)
(yo)	c**ie**rrro	v**ue**lvo	p**i**do	j**ue**go
(tú)	c**ie**rras	v**ue**lves	p**i**des	j**ue**gas
(el, ella, usted)	c**ie**rra	v**ue**lve	p**i**de	j**ue**ga
(nosotros, nosotras)	cerramos	volvemos	pedimos	jugamos
(vosotros, vosotras)	cerráis	volvéis	pedís	jugáis
(ellos, ellas, ustedes)	c**ie**rran	v**ue**lven	p**i**den	j**ue**gan

b) Adición de -y en las tres primeras personas del singular y en la tercera del plural de los verbos terminados en -uir:

	+ y (huir)
(yo)	hu**yo**
(tú)	hu**yes**
(el, ella, usted)	hu**ye**
(nosotros, nosotras)	huimos
(vosotros, vosotras)	huis
(ellos, ellas, ustedes)	hu**yen**

4. Irregularidad 2 + irregularidad 3:

	TENER	VENIR	DECIR	OÍR
(yo)	**tengo**	**vengo**	**digo**	**oigo**
(tú)	t**ie**nes	v**ie**nes	dices	oyes
(el, ella, usted)	t**ie**ne	v**ie**ne	dice	oye
(nosotros, nosotras)	tenemos	venimos	decimos	oímos
(vosotros, vosotras)	tenéis	venís	decís	oís
(ellos, ellas, ustedes)	t**ie**nen	v**ie**nen	dicen	oyen

2 EL PRETÉRITO PERFECTO

PRESENTE DE HABER + participio

(yo)	**he**	
(tú)	**has**	
(el, ella, usted)	**ha**	est**ado**
(nosotros, nosotras)	**hemos**	com**ido**
(vosotros, vosotras)	**habéis**	viv**ido**
(ellos, ellas, ustedes)	**han**	

Participio:

-AR	-ado
-ER	-ido
-IR	

• Algunos participios irregulares:

VER	⸱⸱⸱▷	visto	ABRIR	⸱⸱⸱▷	abierto
ESCRIBIR	⸱⸱⸱▷	escrito	DESCUBRIR	⸱⸱⸱▷	descubierto
VOLVER	⸱⸱⸱▷	vuelto	ROMPER	⸱⸱⸱▷	roto
PONER	⸱⸱⸱▷	puesto	HACER	⸱⸱⸱▷	hecho
MORIR	⸱⸱⸱▷	muerto	DECIR	⸱⸱⸱▷	dicho

3 IMPERATIVO

TÚ

• El imperativo de la persona TÚ es igual que la tercera persona del singular del presente de indicativo.

HABLAR: habla   **COMER:** come   **ESRIBIR:** escribe

• El imperativo de TÚ mantiene las irregularidades vocales del presente.

CERRAR: cierra   **DORMIR:** d**ue**rme

VERBOS IRREGULARES

PONER: pon   **SER:** sé   **IR:** ve   **DECIR:** di
VENIR: ven   **TENER:** ten   **HACER:** haz   **SALIR:** sal

• Para formar el imperativo del verbo ESTAR para la persona TÚ lo hacemos en su forma reflexiva.
   Estate quieto.

USTED

• Podemos formar el imperativo de la persona USTED a partir de la primera persona del singular del presente de indicativo, quitando la -o final y añadiendo la terminación -e para los verbos en -ar y la terminación -a para los verbos en -er.

	1.ª persona singular del presente	Imparativo de usted
HABLAR	habl-o	habl-**e**
COMER	com-o	com-**a**
ESCRIBIR	escrib-o	escrib-**a**

• El imperativo de USTED mantiene las irregularidades de la 1.ª persona del singular del presente.

CERRAR	cierr-o	cierr-**e**
SALIR	salg-o	salg-**a**

VERBOS IRREGULARES

SER: sea   **IR:** vaya   **ESTAR:** esté   **SABER:** sepa   **DAR:** dé

ciento cincuenta y ocho **158**

4 EL PRETÉRITO INDEFINIDO

VERBOS REGULARES

	TRABAJAR	COMER	VIVIR
(yo)	trabaj-**é**	com-**í**	viv-**í**
(tú)	trabaj-**aste**	com-**iste**	viv-**iste**
(el, ella, usted)	trabaj-**ó**	com-**ió**	viv-**ió**
(nosotros, nosotras)	trabaj-**amos**	com-**imos**	viv-**imos**
(vosotros, vosotras)	trabaj-**asteis**	com-**isteis**	viv-**isteis**
(ellos, ellas, ustedes)	trabaj-**aron**	com-**ieron**	viv-**ieron**

VERBOS IRREGULARES

1. Verbos totalmente irregulares:

	SER / IR	DAR
(yo)	**fui**	**di**
(tú)	**fuiste**	**diste**
(el, ella, usted)	**fue**	**dio**
(nosotros, nosotras)	**fuimos**	**dimos**
(vosotros, vosotras)	**fuisteis**	**disteis**
(ellos, ellas, ustedes)	**fueron**	**dieron**

2. Verbos con raíces y terminaciones irregulares:

	raíz	terminaciones
TENER	tuv-	
ESTAR	estuv-	
ANDAR	anduv-	-e
PODER	pud-	-iste
PONER	pus- +	-o
SABER	sup-	-imos
HACER	hic-/hiz-	-isteis
QUERER	quis-	-ieron
VENIR	vin-	
DECIR	dij-	
TRAER	traj- +	-eron (ellos, ellas, ustedes)
CONDUCIR	conduj-	

3. Cambio vocálico en las terceras personas:

CAMBIO O ⋯⟶ U   **CAMBIO E ⋯⟶ I**

DORMIR	MORIR	PEDIR
dormí		pedí
dormiste		pediste
d**u**rmió	m**u**rió	p**i**dió
dormimos		pedimos
dormisteis		pedisteis
d**u**rmieron	m**u**rieron	p**i**dieron

4. "Y" en las terceras personas (generalmente en los verbos terminados en vocal + er/ir):

	LEER	OÍR	CAER
(yo)	leí	oí	caí
(tú)	leíste	oíste	caíste
(el, ella, usted)	le**y**ó	o**y**ó	ca**y**ó
(nosotros, nosotras)	leímos	oímos	caímos
(vosotros, vosotras)	leísteis	oísteis	caisteis
(ellos, ellas, ustedes)	le**y**eron	o**y**eron	ca**y**eron

5 EL PRETÉRITO IMPERFECTO

VERBOS REGULARES

	TRABAJAR	COMER	VIVIR
(yo)	trabaj-**aba**	com-**ía**	viv-**ía**
(tú)	trabaj-**abas**	com-**ías**	viv-**ías**
(el, ella, usted)	trabaj-**aba**	com-**ía**	viv-**ía**
(nosotros, nosotras)	trabaj-**ábamos**	com-**íamos**	viv-**íamos**
(vosotros, vosotras)	trabaj-**abais**	com-**íais**	viv-**íais**
(ellos, ellas, ustedes)	trabaj-**aban**	com-**ían**	viv-**ían**

VERBOS IRREGULARES

	SER	IR	VER
(yo)	**era**	**iba**	**veía**
(tú)	**eras**	**ibas**	**veías**
(el, ella, usted)	**era**	**íba**	**veía**
(nosotros, nosotras)	**éramos**	**íbamos**	**veíamos**
(vosotros, vosotras)	**erais**	**ibais**	**veíais**
(ellos, ellas, ustedes)	**eran**	**iban**	**veían**